Canigó

*Llegenda Pirenayca del
Temps de la Reconquista*

Jacint Verdaguer

Canigó
Copyright © JiaHu Books 2014
First Published in Great Britain in 2014 by Jiahu Books – part of
Richardson-Prachai Solutions Ltd, 34 Egerton Gate, Milton Keynes,
MK5 7HH
ISBN: 978-1-78435-091-8
Conditions of sale
All rights reserved. You must not circulate this book in any other binding
or cover and you must impose the same condition on any acquirer.
A CIP catalogue record for this book is available from the British Library
Visit us at: jiahubooks.co.uk

Cant primer: L'aplech	5
Cant segon: Flordeneu	13
Cant tercer: L'encís	22
Cant quart: Lo pirineu	30
Cant quint: Tallaferro	43
Cant sisé: Nuviatje	49
Cant seté: Desencantament	65
Cant vuyté: La fossa del gegant	82
Cant nové: L'enterro	88
Cant desé: Guisla	103
Cant onzé: Oliva	109
Cant dotzé: La creu de Canigó	120
Epíleg: Los dos campanars	135

L'APLECH

Ab son germá, lo comte de Cerdanya,
com áliga que á l'áliga acompanya,
devalla Tallaferro de Canigó un matí;
ve ab son fill de caçar en la boscuria,
quant al sentirhi mistica canturia
se n'entra al hermitatge devot de Sant Martí.

Lo Sant, desde'l cavall, vestit de malla,
encès d'amor, d'un colp d'espasa talla,
per abrigar á un pobre, son ribetat mantell;
Gentil, l'aligó tendre, sa armadura
contempla, y, ab coratge que no dura:
—Mon pare,—diu,—voldria ser cavaller com ell.

¿No he feta ab vos contra Almanzor la guerra?
M'ha vist l'espatlla l'enemich? La terra
no regui jo ab sanch meva y ab sanch de sarrahins?
Per qué l'elm y l'escut que á tants donareu,
á mi, á mi sol, fill vostre, me'l negareu?
No infantan ja les mares guerrers y paladins?

—Fill, hereu de ma gloria y mon llinatge,
ta petició m'agrada y ton llenguatge;
demana si á ton oncle li plauhen com á mi.
—Es hora tanmateix,—diu l'altre comte,—
puix no es ja cavaller, que'n sía prompte;
que vetlle anit les armes, jo l'en faré al matí.—

Com dintre'l rusch murmuriosa abella,
Gentil á orar se queda en la capella,
acompanyat dels comtes, de patges y escuders;
en la tarima del altar se postra
contemplant al sant bisbe que s'hi mostra,
que fou abans que bisbe mirall de cavallers.

La llum de l'alba al peu de l'ara'l troba,

com un colom vestit ab blanca roba,
regalantse ab l'aroma de cristians concells,
sanitosos concells que, abans de gayre,
com papallones volarán en l'ayre;
mes ¡ay! son cor novici també volant ab ells.

—Per Deu batalla,—l'hermitá li crida,—
estima son honor més que ta vida,
com ploma ta arma escriga per tot la santa lley;
sías sempre capçal de l'ignocencia,
si't dobla un vent, que sía'l de clemencia:
escut sías pe'l poble y espasa per ton rey.—

Deixa després la blanca vestidura
y li donan á peces l'armadura,
damunt lo camisol lo platejat perpunt,
abriga ab lo capmall sa testa bella,
son cos gallart y fort ab la rodella
que du les Quatre Barres y un sol ixent damunt.

Guifre, son oncle,'ls esperons li posa,
fent una creu en son genoll, que arrosa
ab una encesa llágrima; l'espasa empunya aprés,
que á un raig de sol lluheix damunt de l'ara,
y á Gentil per cenyirla se prepara,
del puny á la creuhera fentli donar un bes.

Tres colps ab ella sobre'l dors li dona,
derrera injuria que'l guerrer perdona,
mentres li diu l'asceta:—l'espasa es una creu;
batalla y vènç com Jesucrist ab ella,
ama de cor aqueixa esposa bella,
que no l'arranquen vida ni mort del costat teu.—

La hermita es com un ou atapahida
de vells, donzelles y minyons que hi crida
de la sonora esquella lo tritllejar festiu;
apar que hi entren d'aquells cims y planes
ab lo jovent totes les flors boscanes,
sols per besar les plantes al Sant que aquí'ls somriu.

Culliren á faldades les donzelles
pèsols d'olor, violes y roselles,
y al veure dins lo temple lo cavaller Gentil,
entre ell y Sant Martí les comparteixen
y á ruixades al front les hi espargeixen,
com en lo front dels arbres fruyters lo mes d'abril.

Avuy s'escau l'aplech á l'hermitatge:
endiumenjats hi van en romiatge
pagesos y artigayres, pastors y cavallers,
y á Sant Martí quiscun un dó demana,
un dó que'ls concedeix de bona gana,
als camps bones anyades, infants á ses mullers.

Les nines y donzells no pregan gayre,
que'ls tempta, umplint de melodíes l'ayre,
la verda cornamusa que s'infla sota un pi;
lo floviol espignador refila
y al floret de donzelles que desfila
marcant va la cadencia lo colp del tamborí.

Los passarells ne tenen gelosía
y trenan ses cansons ab l'armonía;
la tórtora hi barreja son plor anyoradíç;
piteja lo pinsá, canta l'alosa
y, eco del cel, lo rossinyol hi glosa
angèliques paçades que ha après al paradís.

Hi barreja sa música ò sa nota
de l'aygua'l rajolí, la que degota
dels arbres á la prada, com perla en un mantell;
los tells que'l bes de l'ayre fa remoure
flors nevades y rosses deixan ploure,
que cullen á trench d'alba les nines de Castell.

Prop d'ahont se cabdella y descabdella
lo contrapás, sota una arcada vella,
la Font del Comte raja del cor d'un bosch jolíu,
los trèmols, albes y lladerns que abeura
ombra li fan d'un cortinatge d'eura

que atraveçar no poden los raigs del sol d'estiu.

Los dos comtes s'asseuhen en la molsa,
lligats pe'ls sons y melodía dolça:
Gentil plantat á l'ombra se queda d'un euró,
mirant als qui la música destría
y encadena uns ab altres l'armonía,
com lliga les idees ardenta inspiració.

Encaixan los fadrins ab les donzelles,
les parelles galants ab les parelles,
flors que l'amor enfila per férsen un collar:
quant la viventa roda es acabada,
suau, majestuosa, acompaçada,
al ayre de la música comença de rodar.

Al centre de la roda armoniosa
de les nines somriu la més hermosa,
coronat de violes de bosch son front seré.
Gentil prou la coneix, puix se somriuhen,
com dues flors que al mateix arbre viuhen
de la mateixa saba d'amor que les sosté.

Ple d' oracions son llabi que sospira,
l'hermitá piadós á Gentil mira
desde'l portal del temple, rosats sos ulls en plor,
y girantse al sagrari del Altíssim:
—Salvaulo,—diu,—¡oh Pare amorosíssim!
les filles de la terra vos robarán son cor.—

Lo floviol que plora y que senglota
de prompte puja á sa més alta nota;
com rusch al trench de día la danga se remou,
s'enllesteixen los sons en ses escales,
los peus dels sardanistes prenen ales
y al sol de l'alegría tota ánima's desclou.

Aixís les hores en ses dances belles
lo ritme van seguint de les estrelles
que en giravolta eterna rodejan la polar;

mes canta'l gall y dançan més alegres
y, d'ombra alçant los cortinatges negres,
ab cants d'albada ajudan la terra á desvetllar.

Al desencadenarse la sardana,
com enfilall de perles que s'esgrana,
ne surt també Griselda, la rosa del ramell,
ab gentilesa arranca de sa testa
la corona de reyna de la festa
y en mans corre á posarla del cavaller novell.

Mes queda, al arribarhi, entrebancada
de Tallaferro ab la terrible ullada,
que sens paraules diuli cruel:—¿Donchs ahònt vas?—
La corona li cau al oferirla
y, al abaixarse'l jove per cullirla,
ab veu de tro li crida son pare:—¿Donchs què fas?

¿Què té que veure ab tu aqueixa pastora?
—Pare,—respon,—es del meu cor senyora:
cullint gerts y maduixes un día la encontrí;
ull-presos un del altre,'ns estimarem;
la promesa d'amor ab que'ns lligarem,
so cavaller, si's trenca, no's trencará per mi.

—Donchs de ton cor esborra aqueixa imatge
ò't tornaré de cavaller á patge,
les armes arrancante que no sabrás honrar.—
Gentil resta esblaymat; apar un roure
que'l llamp acaba de ferir y ploure
veu á sos peus ses branques, son front descoronar.

Avergonyida, ella s'adossa á un arbre;
per estátua pendríala de marbre
qui no vejés ses llágrimes rajar com una dèu.
No ho veu la gent del ball ni se'n adona;
á qui dança joyós ¿què se li'n adona;
de la margaridoya que aixafa sota'l peu?

Far grandiós que un promontori amaga,

derrera'l Pirineu lo sol s'apaga,
y'ls ulls d'alguna estrella se veuhen llambregar;
no tan brillants ni tan amunt com elles
se oviran en lo bosch altres estrelles
y s'ou un cant de cèltica tonada ressonar.

Del bosch de Canigó son los fallayres[1]
que dançan, fent coetejar pe'ls ayres
ses trenta enceses falles com trenta serps de foch;
en sardana fantástica voltejan

---

[1] Fallayres son los que en alguna vall pirenayca corren en fantástica filera, per los boscos y montanyes vehines, ab falles de pega ò teyes enceses, cantant corrandes y cançons á Sant Joan, la nit abans de sa festa. Vèusen aquí una floreta que, per lo ram del cançoner catalá, aplegá en la vall de Bohí nostre sabi amich, lo degá dels escursionistes y arxiver de nostra literatura, D. Marian Aguiló:

Anirèm á cullir roses
al roser de Sant Joan,
ne farèm una enramada
als fallayres d'aquest any.
Jo me'n vaig tota soleta
per una arboleda avall,
quant so en mitj de l'arboleda
n'encontro'l gloriós Sant Joan,
l'encontro dins una sala,
dins una sala molt gran,
les antostes son de vidre,
la sala n'es de cristall,
en el mitj d'aquella sala,
si n'hi há una font real,
que s'hi renta los peus Cristo
y'l gloriós Sant Joan.
Deu los do molts anys de vida
als fallayres d'aquest any,
que n'han celebrat la festa,
la festa de Sant Joan.

La tradició de les falles se conserva també en les poblacions de marina, Tossa y Valencia, encara que en esta alteran de mala manera la costum y en aquella la paraula, dihentne fayta.

y de má en má tirades espumejan,
de bruixes y dimonis com estrafent un joch.

Les llums de set en set pujan y baixan,
cinyells de flama los montícols faixan
y's veu entre fumades lo bosch llampeguejar;
surten rius de guspires de tot cayre,
com si's vejessen entre terra y ayre
los llamps y los cometes en guerra sabrejar

Dels fallayres al ball la gent s'atança,
les nines deixan la primera dança,
y un dels joglars[2], al vèures tot sol ab los fadrins,
llança, ab quimera mossegantse'l llabi,
eixa cançó de verinós agravi,
com un grapat de vívores y negres escorpins

LO RAM SANT JOANENCH

Lo día de Sant Joan
n'es día de festa grossa,
les nines del Pirineu
posan un ram á la porta,
d'ençá que una n'hi hagué
d'ulls blavenchs y cella rossa,
tenía una estrella al front
y á cada galta una rosa.
Un fallayre li ha caygut
al ull, ¡malhaja la brossa!
n'apar un esparverot
que fa l'aleta á una tórtora.
Lo matí de Sant Joan
la tortoreta se'n vola,
se'n vola voreta'l riu
á cercar ventura bona.
Un ramellet cull de flors,
millor ventura no troba,

---

2 Joglars, joculatores, s'anomenan encara en lo Rosselló los músichs que tocan en les festes majors lo floviol, lo tamborí y la borassa ò sach de gemechs

floretes de Sant Joan,
de romaní y farigola,
y ab elles fent una creu
del mas la llinda'n corona.
Quant arriba'l seu galant
á la casa entrar no gosa;
ella li diu desde dins:
—¿Donchs per què't quedas defora?
—Perque'm barras lo portal
ab les flors d' aqueixa toya.
—¿Un ramellet te fa por?
—Me fa por d'aspi sa forma.
—No es d'aspi, no, que es de creu;
si't fa por, no ets cosa bona.
—Donchs so'l maligne esperit
que les ánimes se'n porta.
Si no fos lo ramellet
la teva fora ma esposa,
avuy jauríam plegats
en mon jaç de foch y sofre.—
D'ençá que aixó succehí,
ribera amunt del Garona,
lo matí de Sant Joan,
desde'l Cantábrich a Rosas,
les nines del Pirineu
posan un ram a la porta.

Ha escoltat lo romanç un vell fallayre,
y rebatent irat la falla en l'ayre,
de tras-cantó sortintli, s'acara ab lo joglar;
d'un colp de puny sa cornamusa aixafa,
lo rústich trobador ab ell s'agafa,
y de bastons d'alzina s'aixeca un alzinar.

Entre'ls minyons del pla y los de la serra
va á rompre, ¡válgans Deu! lo crit de guerra,
quant altre crit més aspre los agermana a tots:

—Los moros son en la ciutat d'Elena[3];
ja sos aixams negrejan en l'arena
y encara á glops ne trauhen catorze galiots.—

—Anèm á arrabagarlos,—Guifre esclama,
aixecantse vermell com una flama,
al temps que Tallaferro, montat ja en son cavall,
diu:—Jo á copçarlos vaig sobre Portvendres;
llançáumels aviat com anyells tendres
del Tech ab les onades á rodolons y avall.

—Jo vinch ab vos,—lo bell Gentil li crida,
donant ja á son corcer tota la brida.
Lo comte Tallaferro,—No vingas,—li respon;—
a qui't creava cavaller suara
serveixlo un any o dos o més encara:
fill meu, que no li fassas may abaixar lo front.—

Diu, y ja romp com áliga los ayres,
tan sols per ferli llum alguns fallayres
se'n du per companyía, los més lleugers y forts.
Gentil ab Guifre á Cornellá devalla,
lo rebull somiant de la batalla,
lo bracejar dels vius y'l cabuçar dels morts.

Pe'ls camins de Capcir y de Cerdanya
ja volan missatgers á la campanya,
cridant á vells y joves, peons y cavallers,
per sortir de Conflent en sò de guerra,
á l'hora en que somriu l'alba á la terra,
á l'hora en que a fer llenya se'n van los llenyaters.

FLORDENEU

Com ressona un buyrach ple de sagetes
del ballester en la robusta espatlla,
al peu del niu de sos amors dolcíssim

---

3 La ciutat d'Elena. Elna, que rebé de Constantí lo nom de Castrum Helenæ, en recort de sa santa mare.

quant ronca la maror de la batalla;
aixís avuy vora la Tet ressona
ple'l castell d'Arriá d'estochs y llances,
y encara pujan, fent remor de ferro,
cavallers y peons per ses escales:
se'n umplen cambres, corredors y portxes,
mentre'ls corcers renillan en la claustra.
En son palau de Cornellá está Guifre
y ací Gentil vigila d'avançada
si cap ombra atravessa les boscuries,
si s'encen en lo bosch cap alimara.
Tot dorm dintre'l castell, sinó ses tropes;
tot dorm vora'l torrent, sinó ses aygues,
que ab los raigs de la lluna joguinejan
trencadiços espills de l'estelada.
Tot dorm: los ossos dins la negra cova,
los ayres del cap-vespre entre les branques,
en sa pleta l'anyell y entre les fulles
los aucells ab lo cap dessota l'ala,
en coixí de celistia les estrelles,
les congestes de neu en la montanya
de Canigó, com lo somrís puríssim
del formidable rey de l'encontrada,
á qui'l Pirene fa de trono esplèndit,
y l'hemisferi de florida tiara.
Sembla la serra un gegantí magnoli
quant s'esbadellan ses poncelles blanques:
veyentles lo donzell tan argentines,
sos ulls ardents de fit á fit hi clava;
son escuder atlètich se'n adona,
del Canigó nascut en una aubaga:
—Lo que mirau,—li diu,— no son congestes,
son los mantells d'armini de les fades[4]
que dançan á la llum de la celistia
dels estanys de Cadí vora les aygues;
si¡l més bonich y perlejat tinguesseu,

---

4 Fada, paraula usada per nostres clássichs y viva encara á Mallorca, es sinònima dels mots coneguts, encara que paratgívols, de goja, aloja, encantada y dona d'aygua, que gastám en la Llegenda.

vos valdría, Gentil, més que l'espasa,
més que dels llibres tots la sabiesa,
més que l'or y l'argent dintre de l'arca;
si us plagués navegar, veles tindríau;
si volguesseu volar, tindríau ales.
Mes es castell ahont qui hi va no'n torna;
sols un de cent que hi pujan ne devalla.-
Ell no ha oblidat á sa Griselda, estrella
que'l matí de sa vida il·luminava.
¿Quí sab si eix talisman la lligaría
ab qui, implacable, de son cel l'arranca?
Mes ¿còm, en la vigilia de la lluyta,
còm deixará l'exèrcit que comanda?
¿còm deixará'l patró la nau que mena,
lo lleó del desert sa cadellada?
Torna mirar los llensos que blanquejan,
com al cim de un brandó trèmola flama.
¿Quí sab si'ls ha de veure un altre día?
pensa; ¿quí sab si es dó d'alguna fada,
que si agrahit y ara mateix no accepta,
com l'or á má més diligenta vaja?
¡Pobre Gentil! dintre son cor de jove
lluytan de mort l'estimació y la patria,
y quant l'amor tirá dins un cor tendre
lluyta, no es sempre lo dever qui guanya.
Al caure ja en lo llaç de flors que'l tempta:
—¿Trigaré á serhi?—febrosench demana.
—Galopant,—li respon,—á tota brida,
podeu tornar ací primer que l'alba.-
Diu, y en lo temps que emplea una coloma
als colomins en peixer la becada,
se'l veu volar entre garrichs y arbossos,
voladora sageta que's despara.
Del castell d'Arriá baixa á la riba,
atravessa la Tet d'una gambada
y com esbarts de blanchs tudons que volan
veu de Sirach y Taurinyá les cases.
Á esquerra deixa'l Roch Payler, que lligan
les bruixes ab un pont d'un fil d'aranya,
los dissaptes al vespre, perque pugan

passar del riu Llitera a l'altra banda;
les que van al sabbat ab traydoría,
en mitj del pont relliscan y s'esbarran.
Per l'arrelam del Canigó se'n puja
lo corcer ardorós ab peus de dayna,
de ses arrels cap a son tronch amplíssim,
que té fontanes y torrents per saba.
Quant troba un cingle altívol, lo voreja;
quant troba un córrech famolench, lo salta:
quant en son vol un lladoner l'atura,
en dos lo mitj-parteix d'un colp d'espasa.
Més lo bosch s'espesseix, lo roure's lliga
als pins que llurs pirámides aixamplan,
y entre ells s'alça l'abet, com l'arbre mestre
entremitj del trinquet y la messana.
De tant en tant del cim de l'aspra serra
se veu fins al pregon una escombrada,
com de l'alzina en la negrosa escorça
se veu del llamp corsecador la ratlla.
La neu la obrí en hivern; quant s'arrombolla
pe'l torb de les altures apilada,
un borralló de gebre, que fa moure
la grua tot volant ab un colp d'ala,
s'aumenta rodolant de cingle en cingle,
com sometent al toch de la campana,
y'l borralló de neu ja es ona immensa
que empeny y colca més superba onada;
los pins arreu arreu, los fáigs y roures,
com los guerrers en orde de batalla,
de cent en cent rodolan al abisme
ab nius y salvatgines que breçavan,
ab los ramats que troban en la vía
pastors y pastorims, conreus y cases;
y'ls llenyatayres que de lluny ho veuhen,
creuhen que al pla s'ajoca la montanya.
Per un d'aqueixos solchs oberts sens rella
Gentil son poltro escumejant aplana;
quant no pot més, per adreçarse'l cingle,
lo deixa al escuder que l'acompanya,
y per camí d'isarts lliure se'n puja

y per los grenys com rapinyell s'arrapa,
vers hont blanquejan los mantells estesos,
tofes de neu sens trepitjar encara.
Un n'ovira al bell mitj brufat de perles,
lliri enjoyat per gotes de rosada;
quant ell va á pèndrel, com de terra eixida,
per l'altre bech l'estira hermosa dama:
—¿Què't feu, —dihentli,— ma gentil senyora,
que aixís li robes son mantell de randa?
—¿Quí es, donchs? —li pregunta ell.— Vínala á veure,
ja que has volgut, traydor, agraviarla;
la flor de l'hermosura que somías
veurás en quín jardí floreix y grana.—

En un pradell, al cim de la carena,
Gentil veu la regina coronada,
coronada de vèrgens que la voltan,
teixint y desteixint mítica dança
ab sos braços y peus, blanchs com la escuma
que juga ab les petxines de la platja.
De Flordeneu la cabellera rossa
rossola en cabdells d'or per ses espatlles,
com raigs de sol que en lo boyrós desembre
la gebre pura dels restobles daura.
Com la lluna creixent en nit ombrívola,
riu y clareja sa serena cara
y son sos ulls dues rihents estrelles
que'l Canigó robá á la volta blava.

Se la mira Gentil, y de Griselda
en ella veu la fesomía hermosa,
es lo seu aquell front, seus aquells llabis
que servirían al amor de copa;
però sa galanesa es de regina
y ell á Griselda conegué pastora.
Temerós y pensívol acostantshi,
sent florir en ses galtes la vergonya:
—Perdonaume, —li diu,— real princesa,
del gran pitxer d'esta montanya rosa:

no fos una poncella que us retira,
vos de mon cor seríau robadora.
—Gentil, ingrat Gentil, ¿ja no'm coneixes?
jo so, jo so eixa flor de ta memoria;
ton cor era lo gert que jo cercava
quant véresme, allí baix, gerdera hermosa,
ab ma falda vessanta de maduixes,
de jeçamins endormiscada á l'ombra.
Astre del cel, tan sols per l'amor teva
deixí l'atzur de l'estelada volta;
fada, per tu me retallí les ales;
per tu'm lleví, regina, la corona,
y de mes mans deixí esmunyr lo ceptre
sols per posarte á tu cadenes dolces,
dolces cadenes per l'amor forjades,
manilles d'argent fi, grillons de roses.
Si vols volar pe'l cel, tindrás mos somnis;
si pe'l fil de les serres, ma carroça.
En Canigó tu ets presoner desde ara;
mes Canigó l'Olimp es de les gojes.-
Gentil, lligat per invisibles llaços,
va seguint la Encantada, que, traydora,
estrafá la figura de Griselda,
son caminar suau y sa veu dolça,
son mitj-riure de verge que somía,
son ayre de palmera que's gronxola,
sos rinxos de cabell esbulladiços,
son llabi coralí y galtes de rosa:
sobirana que deixa son imperi
y esclava's fa de qui l'amor li roba.

Al arribar al cayre de la serra,
de Guifre y sos guerrers ell se recorda.
Gira ab recança la mirada enrera;
lo Rosselló a sos ulls qué bell se mostra
voltat d'una filera d'alimares
que d'una á una en cada cim se posan!
En cada cap de puig dels que rodejan
la plana de Ruscino, hi há una torra,

una torra gentil que al cel arriba
per abastar l'estrella ab que s'enjoya.
De Batera al bell cap ja vermelleja,
com un clavell als polsos d'una hermosa
que per fer la sardana s'arrenglera
á desigual fantástica rodona.
Massana y Madeloch ja al front la duhen
com les de Cos, les de Cabrens y Goa;
y Opol, Monner y Tautaull y Salces
son quatre cirials de flama roja.
Jamay, jamay cap afligida reyna
se mostrá á un fill ab més brillant corona,
tot dihentli plorosa y á ses plantes:
¡No m'entregues, fill meu, á la gent mora!
Gentil, á una fiblada d'amor patri,
del enganyívol somni se deixonda,
d'Oliva, del Pelós y Tallaferro
sentint batre en son cor la sanch heroyca;
y recula á la forta esperonada,
sens mirar la sirena temptadora:
mes en sos llaços ja está pres per sempre,
com dins la teranyina dèbil mosca,
y al volèrsen eixir, per totes bandes
¡forta cadena! hermosos braços troba,
y sent d'amor paraules que l'encisan,
y veu uns ulls d'ullada blava y fonda,
mar hont naufragará de sa Griselda,
de son pahís y pares la memoria.

A un signe de la Fada, ses donzelles
ab flochs lo lligan, cintes y garlandes:
—Senyora, —ell va dihent,— deixaume lliure;
doscents arquers m'esperan en la plana;
si á la lluyta no'ls meno ans que'l sol isca,
tots doscents me dirán traydó á la patria.
—Es lluyta més suau la que t'espera,
es lluyta del amor hont l'amor guanya;
si es la cadena que't posí trenquívola,
de ferro'n tinch, d'argent y d'or encara.—

Ell se sent pres com un aucell que, lliure
volant, se troba en unes urpes d'áliga.
Al seu alè, aquella ánima serena
s'enllora com mirall en jorns de glaça,
y del present la mágica cortina
son nom, sa gloria y son honor li amaga,
y al costat de sa aymía encisadora,
com un clavell vora una rosa blanca,
dins un rotllo de nines falagueres,
á la planella del Cadí devalla.
Aquella plana, avuy deserta y nua,
llavors era una conca d'esmeragda,
la vestían ombrívoles pinedes,
angèlica y jonquilles[5] la brodavan,
mirantse en un estany que mitj-umplía
del Canigó la monstruosa taça.
Los Estanyols que encara avuy l'argentan
d'aquella mar petita son petjades,
son los bocins d'aquell espill hont tota
la nau del firmament s'enmirallava.
Lo Canigó dona la má á Batera,
Tretzevents á Batera y Comalada,
y entre ells, oberta al ull del cel blavíssim,
son verge sí desclou aqueixa plana;
paner de flors que eixos gegants sostenen,
los uns al braç, los altres á l'espatlla,
placent jardí que llur suhor fecunda
regalant de sos fronts á grans cascades,
que de taçó en taçó se precipitan
com per grahons de cristallina escala,
fins al major de tots, que en la planicie
á alabastrí palau fa de capçana.
Semblan ses torres de cristall de roca
fermes columnes de la volta blava,

---

5 Jonquilles: floreta de cinch fulles blanques y de cor groguench que recorda la
nadala. Es verament atrevida, puix floreix al bell peu de la congesta que la abrigava
ahir, sota mateix del glaç que'l sol va aprimant y retallant y fins sovint lo forada per
traure'l cap á la llum y á la vida. La he vista vora molts estanys; mes al peu dels
Estanyols de Cadí, en son temps, sembla talment voler cobrir la terra, que deixan les
neus, ab altra primaverenca nevada de flors d'ametller.

ses llums misterioses confonentse
ab les eternes llums de l'estelada,
y, sostinguts per cent pilars de pòrfir,
sos portxes son lo mirador de l'alba.

Lo Canigó es una magnolia immensa
que en un rebrot del Pirineu se bada;
per abelles té fades que la voltan,
per papallons los cisnes y les áligues.
Forman son cálzer escarides serres
que plateja l'hivern y l'estiu daura,
grandiós beyre hont beu olors l'estrella,
los ayres rellentor, los núvols aygua.
Les boscuries de pins son sos barbiços,
los Estanyols ses gotes de rosada,
y es son pistil aqueix palau aurífich,
somni d'aloja que del cel devalla.

Davant s'esten una illa sempre verda,
ramell de flors dins un pitxer de plata,
oasis bell que'l beduhí somía
vogant pe'l mar d' arena del Sahara.
Bedolls llustrosos, faigs y abets l'ombrejan,
la encatifan serfull y genciana,
y les roses alpines entre líquens
la vermellor ensenyan de ses galtes.
Com pont de flors, uneix la terra á l'illa
una verdosa y rústica palanca
que atravessa pe'l mitj l'estany blavísim,
com lo cel estrellat la vía láctea.
Allí en un trono vert, que'ls ulls no veuhen
si es fet de boix-florit[6] ò d'esmeragda,
los dos s'asseuhen, en l'encís que'ls lliga,

---

6 Lo *rhododendron ferrugineum*, á més del nom de boix-florit, té'ls de boix de Nuria, boixerica, gabet y talabart. Es la flor que embelleix més nostres Pirineus, en sa florida, endomaçant de vermell sos ayguivessos, despullats, sense compassió, dels abetars y pinedes primitives.

21

ella á mirar lo cel, Gentil sa cara.
Olor de romaní dels boscos puja,
dels cims olor de regalecia baixa,
gemechs de lires entre'ls arbres s'ouhen,
y en lo palau lo sospirar d'una arpa,
dintre l'estany canturies de sirena,
y murmuri de ninfes en la platja,
parrupar los tudons en la boscuria,
la gelera dringar en la montanya,
y en les coves de marbre, allí á la vora,
los degotiços ploradors de l'aygua
com enfilall de llevantines perles
que dins aygueres de cristall s'esgrana,
y en lo cel blau eternes melodíes
de l'estrella que naix ò que s'apaga,
d'astres y sols y llunes que hi rossolan,
barrejant ses clarors en mòvil dança,
sos ròssechs, cabelleres y corones
y'l suau aleteig de sa volada.

Y, sens trencar lo jove la cadena
que empresona al soldat lluny de sa patria,
com un ull virginal que s'esparpella,
en sa finestra d'or apunta l'alba,
sembrant, com jardinera del Altíssim,
per terra y cel les roses de sa falda.

L'ENCÍS

Entre'ls arbres de l'illa delitosa
l'enamorat Gentil está adormit;
son los flonjos coixins ahont reposa
de farigola y xuclamel florit.

Verts jeçamins de torcedices branques
li fan de cortinatge y cobrecel,
donant ab sa estelada de flors blanques
flayre al zefir, á les abelles mel.

Com les rosses abelles, quant l'oviran
van á vèurel les gojes á plaher,
lo voltejan, aguaytan y remiran,
com son més rich brillant un argenter.

Los dos archs de ses celles fins y hermosos
l'una retrau, l'altra son ample front,
l'altra sos llabis de clavell desclosos
hont lo somrís placèvol may se fon;

eixa'l cabell de seda que rosseja
com la claror primera del matí,
s'escampa,'s rutlla, s'esbadía, oneja,
riu que trena ses ones ab or fi.

Ab má atrevida una li trau l'espasa
y en ella's mira com en clar espill,
com nin que juga ab una ardenta brasa,
sos tendres dits posant en greu perill.

Mes ja tallant les herbes que'l sostenen
y testes sostenintles per llur peu,
al cavaller totes plegades prenen,
signántlosho rihenta Flordeneu.

De violers y molses en llitera
ab silenci lo duhen al estany
hont friçosa una góndola l'espera,
com lo cisne de gebre dins son bany.

Així en son breç de vímets y ridorta,
sens adonársen son angèlich nin,
una amorosa mare lo transporta
en plácit sòn mentres está dormint.

Llisquívola es la proa y cisellada
pe'l més traçut pastor del Pirineu,
en la toya de flors ab que está ornada
se veuhen les mans d'or de Flordeneu.

A cada banda vogan tres remeres
de vert vestides, com lo mes d'Abril,
soltes al vent les fines cabelleres,
per si calen més llaços á Gentil.

A la primera y més suau remada,
se posan totes sis á refilar;
així entre onada perlejant y onada
refilan sis sirenes de la mar.

—Somía,—cantan,—somía,
deixa volar ton cor bell,
mentre'l somni no's desnía,
com de sa branca l'aucell.

Aygues de neu te breçolan,
te vetllan cors virginals,
aixam d'abelles que volan
del teu hermós al encalç.

Los somnis son unes ales
per volar dintre l'edem;
mentres dins tu te regales
nosaltres te breçarèm.

Te breçarèm sobre roses,
tot cintante un himne dolç,
de día,'l de les aloses,
de nit, lo dels rossinyols.

Somía, Gentil, somía,
deixa volar ton cor bell,
mentre'l somni no's desnía,
com de sa branca l'aucell.—

Lo jove somrihent ha'ls ulls desclosos,
¿dorm ò somía encait lo seu cor?
mes veu los de la Fada més hermosos,
y tot ho esplica a sa fayçó l'amor.

Deixa la barca que rellisque y corra,
deixa que estime á Flordeneu son pit;
prou trobará la barca banchs de sorra,
prou esculls trobará son esperit.

Ja'l rem s'atura y mitj s'adorm á estones,
deixant als dos somriure y somiar,
com s'adorm un penyal dintre les ones
quant ab elles se cansa de lluytar.

Ja rossola suau sobre l'argila,
ja'l llahut se revincla en lo sauló,
ja rellisca onejant com una anguila
de l'áliga marina al tenir po'.

L'estany se divideix en amples braços,
com en branques y brots roure aglaner,
y surten tots á dar festívols paços,
com nins ajogaçats dintre'l verger.

Dels plorosos desmays besan la soca,
coronan los oasis de verdor,
saltironan com xays de roca en roca,
donan á beure perles á la flor.

Deslligan més enllá ses cabelleres
y florejan les ones riu avall,
com náyades que nadan joganeres
en rieró de márgens de cristall.

Ja'l rieró anguileja pe'l boscatge,
argentina llisona[7] vers son cau,
ja en gorch mitj-aturantse entre'l fullatge
derrera un vel verdós, sembla un ull blau.

---

7 Llisona, serpeta blanquinosa, curta y de cua esmotxada, més coneguda per lo nom de noya de serp: en lo Pallars ne diuhen vidriol, no sé si per ser trencadiça com lo vidre ò si per tenir, sens fonament, anomenada de verinosa, com ho diu l'adagi: «picada de vidriol porta dol.»

Plegats los rems, com ala que no vola,
los dits de les donzelles argentins
deixan corre la barca tota sola,
corcer que ben apresos té'ls camins.

Hi há un pal d'argent en mitj de la barqueta,
hont penjan una vela de llens d'or,
ala batent d'esquívola oreneta
que voleya cantant de l'aygua á flor.

Ses cordes son garlandes de fullatge
trenades per l'amor de bon matí;
prenentles per vidalves del boscatge,
s'hi posan lo verdum y'l francolí.

La barca ab ells papalloneja á estones,
de ses esteles ab lo floch d'argent
lligant de riba á riba en mar sens ones
eixos oasis que no té l'Orient.

Si s'amorra en lo marge alguna volta,
desde la proa un braç la torna á solch,
y lliure's balanceja y desinvolta,
duhent estols de ninfes á remolch.

Lliris d'aygua nevats y maravelles
los ofereixen gots d'olor suau,
semblan pures y efímeres estrelles
que hi deixá caure aquest matí'l cel blau.

L'hermós blauhet que entre nenúfars nía,
vola gaudintse al seu voltant joliu,
ramellet de gemada pedrería
que's trameten jugant l'herbey y'l riu.

Los arbres, ajupits sobre les ones,
forman arcades de fullatge y ponts,
deixant caure ses flors com papallones
que á posarse devallan á sos fronts.

Del aromer ne plouhen de groguenques,
de bolves d'or del Potosí polsim;
del magraner poncelles vermellenques,
de pedres fines irisat ruixim.

En l'ombrívola aubaga de Batera
al cor penetran d'obelisch de gel,
caverna ahont diáfana gelera
traspuar deixa la claror del cel.

Eixa encantada habitació es una ala
del palau de la Goja soleyós;
al vèurel ell entrant desde l'escala,
anyora menys lo firmament clarós.

Al últim bes del sol ponent, blanqueja
com un colom entre'l fullatge vert;
perque de lluny algun pastor no'l veja,
de cortines de bovia s'ha cobert.

Está en mitj del estany com una estrella
florida en mitj del cel de juliol,
ninfea coloçal que s'esbadella
al bes de les escumes y del sol.

Per ses arrels lo lligan á la vora,
com branques de coral esblanquehit,
quatre ponts de cristall del que atresora
la serra en ses entranyes de granit.

Un d'ells al cim de Canigó encamina
per viarany ribetejat de flors,
que al pujarhi la Fada, llur regina,
abocan á sos peus tots sos olors.

Es de marbre d'Isòbol una Alhambra
penjada entre la terra y firmament;
servir podría al sol mateix de cambra
si lluny trobás son llit del Occident.

Es tot ell d'arabesca arquitectura
que d'Orient portaren les huris
per distraure ab sa mágica hermosura
als que, romeus, pujam al paradis.

Arcades de cristall se succeheixen,
altres deixantne veure ençá y enllá,
damunt blanchs capitells ahont floreixen
palmeres que l'abril enjoyellá.

Rengleres de pilars, com jonchs de marbre,
alçan en l'ayre cúpules de gel,
com sosté sa brancada'l tronch d'un arbre,
entre fruytes y flors mostrant lo cel.

Les cúpules coronan l'ampla sala
hont dringa la baixella d'or y argent,
la perdiu blanca sos perfums hi exhala,
gerda xicoyra l'apetit hi encen.

Allí grogueja la daurada bresca
de regalada mel de romaní;
allí escumeja llet de dayna fresca,
més blanca que la gebre del matí.

Lo préssech d'Illa com pom d'or rosseja,
no tant com lo rahim de Tarascó,
la cirera d'arbós hi vermelleja
ab lo gínjol rihent y l'ametlló.

La magrana pledeja ab la maduixa
á quí traurá més ensucrats rubins,
que un brollador d'aygua d'olors arruixa,
umplint la sala de remors divins.

A cada corn, de taula himnes entona
de donzelles un chor ab veu suau,
lo clavicímbol que entre lires sona
umple de rius de música'l palau.

Los aucells á les cítares responen,
naturalesa y art dantse la má,
entre columnes y arbres que confonen
lo remor del convit ab lo boscá.

Monocordis responen á les merles,
á la tenora'l tendre rossinyol,
llansant les notes com ruixats de perles
que l'orella del cor cull en son vol.

Mes per Gentil son música més dolça
los batements del cor de Flordeneu,
d'aqueixa lira virginal que ell polça
en l'albada felís del amor seu.

Enlluhernat pe'l sol de sa bellesa
s'arrossega á sos peus com un esclau,
y, en lo cel de sos ulls sa ánima presa,
lo cel hermós li sembla menos blau.

Respira los perfums d'aqueixa rosa,
efluvi del Eden embriagador;
¡pobre Gentil! ¡bé massa l'has desclosa
ta ánima bella á son primer amor!

Quant l'astre rey, cansat de sa carrera,
baixa á cloure los ulls en Occident,
la reyna de les fades encisera
diu á Gentil, del seu amor sedent:

—Vina á la tebia llum del hemisferi,
de nostre amor sens mida conversant,
les fites a seguir de nostre imperi;
vèjas si'l trobas prou hermós y gran.

Vosaltres, —diu, tot baix, á ses companyes,—
penyores me daréu de vostre amor,
per rius, estanys, planicies y montanyes
cercant quiscuna son joyell millor;

y d'eixa serra en la més alta cima,
al ressortir lo sol en Orient,
quant jo'm despose ab qui'l meu cor estima,
siau demá matí á férlin present.—

Volta'l palau marmórea galería
que sostenen dos rengles de pilars,
tot de cristall sembrat de pedrería,
tribut que duhen eixos rius als mars.

Aèrea escala á cada cap s'esbranca,
baixantse á unir les dues al jardí,
es com la neu sa pedra menos blanca,
los poms de la barana d'argent fi.

Arriat per set daynes amansides,
allí'ls espera un carro volador;
pren, al pujarhi, Flordeneu les brides
y se'n porta á volar son aymador.

LO PIRINEU

D' or verge es feta la real carroça,
d'argent, perles y vori ramejada;
set genis en set anys l'han fabricada
dins un palau de fades d'Orient;
al florejar les pirenayques cimes
sa roda de set raigs vola lleugera,
en l'herba y neu sense deixar rodera,
com lo carro del sol pe'l firmament.

Desde'l palau alabastrí devallan
del Pla Guillem á les collades Verdes
y de Rojá les árides esquerdes,
que'l granat enriqueix, fugen volant.
Deixan, anella del Pirene altívol,
la aturonada Costabona enrera,
que solda'l Canigó á la cordillera
com á cadena aurífica un brillant.

Com jardinera, la vall d'Eyne'ls mostra,
al vèurels serrejar per la montanya,
la faldada de flors que á la Cerdanya
aboca al náixer cada jorn d'abril;
y ab mots d'amor distretes ses orelles,
indignes son d'ohir vostra canturia,
¡oh serafins! que en aquella hora, en Nuria
bastíau per la Verge un camaril.

¿Per què t'amagas, Camprodon fresquívol,
violeta del bosch en ta ribera?
¿en ton sojorn d'eterna primavera
no vols que sentin tos suaus olors?
Ribas, y tu, pastora del Pirene
que en lo Freser vens a mirar ta cara,
¿no vols que vejan ta hermosura encara?
poncelles, ja us veurán quant siau flors.

De puig en puig pe'l Coll de Finestrelles
s'enfilan de Puigmal á l'alta cima;
tota la terra que'l meu cor estima
desde ací's veu en serres onejar:
Olot y Vich, Ampurias y Girona,
y allá, en lo cor de l'espanyola Marca,
lo Montserrat, de quatre pals com barca
que d'Orient la Perla'ns ve á portar.

Un gran arbre ajagut es lo Pirene
que mira ses brancades poderoses
esbadiarse de Valencia á Rosas,
entreteixirse ab serres y turons,
hont penja, com ses flors immustehibles,
les blanques caseríes y vilatges
y, més aprop del cel, los hermitatges,
que'n semblan, allí dalt, los escalons.

Per la montanya d'hont lo Segré brolla
van á Tosas florit y al Pla d'Anyella,
hont troba flors la petonera abella,
regalècia balsámica l'anyell;

y, com jay que per nins se deixa vèncer,
á llur carroga d'or l'espatlla abaixa
l'Alp gegantí, que una pineda faixa
com cap de monjo un cercle de cabell.

Lo Clot de Moixeró[8] verdós y ombrívol
de sos abets y pins entre les branques
los veu passar, com dues perdius blanques,
del estèril Cadí per lo crestall,
hont l'estrámpol isart per refrigeri
troba sols, ab lo líquen de l'altura,
les perles de l'aurora y l'aygua pura
de la font regalada del Cristall.

Es del Cadí la serralada enorme
ciclòpich mur en forma de montanya,
que serva'l terraplè de la Cerdanya
per hont lo Segre va enfondint son llit.
Resclosa fora un temps d'estany amplíssim
ahont, en llur fogosa jovenesa,
aqueixos cims miravan la bellesa
de son alt front avuy esblanquehit.

Avuy l'estany no hi es, y alta muralla
d'un castell de titans es eixa serra,
per escudar la catalana terra
fet sobre'l dors del Pirineu altiu.
Noufonts, Carlit y Canigó y Maranges
son ses quatre ciclòpiques torrelles

---

8 Clot de Moixeró: No sé de què li ve'l nom á aqueixa soliua clotada, ver niu de moixons amagat entre les branques del Cadí, que, com per abrigarla, perden aquí sa esterilitat y's reyesteixen de verdor.
  No s'hi veu un palm de roca, la gespa y la florida jonça la encatifan tota y les fonts hi brollan, umplintla de murmuris y de vida.
  La Font del Cristall raja més enllá, en lo més agre de la serralada, sobre Bellver: á ella's refereix la cançó popular:
La Font del Cristall
hi há una aygua molt clara,
bé ho sabía jo
de quant festejava.

y son eixos turons ses sentinelles
hont encara les áligues fan niu.

Lo vell Puigmal d'espatlla rabaçuda
es l'arx d'aqueixa altiva fortalesa,
que en setcents anys lo sarrahí no ha presa,
fenthi bocins la llança fulgurant.
Prop d'hont Cadí ab lo Cadinell[9] encaixa
s'alça 'l doble turó de Pedraforca;
es del castell l'inderrocable forca,
feta, si cal, á mida d'un gegant.

Atravessant lo Sícoris aurífer,
la carroça's desvía vers Saloria;
la Seu d'Urgell, com página de gloria,
lluheix en mitj d'un pla sedós y vert:
per ferli de vinyetes argentines
lo Valira y lo Segre se junyeixen
y de verdor corones li teixeixen
ab lo cel y la terra de concert.

Contempla'l jove feixes y boscatges
y derrera'ls pradells de la Regina,
una esmeragda en forma de petxina,
tota plena de perles y de flors:
es la vall delitosa de Seturia;
quant ab son bes primer l'alba la arrosa
sembla l'áurea conquilla en que flayrosa
del mar isqué la reyna dels amors.

Lo riu de Santa Magdalena ombrívol
cap á Occident la Fada ribereja,
passant pe'l bosch, perque Gentil no veja
de Sant Joan del Herm los hermitans.
De cim en cim va de Rubio á Pentina,
y, sota Bresca en Collegats, li ensenya
la rica Argentería que en la penya

---

9 Cadinell: montanyeta, que naix á ponent de Josa y mor en Cornellana. Es baixa, de menos roques y de més vegetació que la serra de Cadí, de que sembla un tany humil.

pará algun geni ab enciseres mans.

Cortinatges de tosca y brodadures,
cascades d' argent fos en l'ayre preses,
garlandes d'eura en richs calats suspeses,
d'alguna fada finestró diví,
de lliri d'aygua, y de roser poncelles,
com ulls closos de vèrgens que hi somían,
tot hi es blanch, com los coloms que hi nían,
papallones gentils d'aquell jardí.

Volant als cingles de Monsèn, li ensenya
les cascades bellíssimes de Gerri,
y en Cabdella, en Espot y Biciberri
constelacions d'estanys d'atzur y vert:
les tres valls de Pallars, que la calitja
de boyrina ab son ròssech enmantella,
li semblan solchs que gegantina rella
á les tres branques del Noguera ha obert.

Li fa veure Bohí, eixa flor que's bada
d'un cáos de granit en les entranyes,
y d'aqueix bosch de puigs, ombres estranyes,
la Roca dels dos Homes Encantats[10];
y, dant més brida á les esquerpes daynes,
al cim de Neto malehit s'enfila,
com qui, vistos los baixos de la vila,
vol vèurela millor desde'ls terrats.

LA MALEHIDA

(MALADETTA)

Véusela aqui; mirau sa gegantina altura:
se quedan Vignemale y Ossau á sa cintura,
Puig d'Alba y la Forcada li arriban á genoll;

---

[10] La roca del dos Hòmens Encantats. Segons la tradició, sol, dos caçadors empedrehits en cástich de haver perduda la missa un diumenge per seguir un isart.

al peu d'aqueix olímpich abet de la montanya,
son sálzers les Alberes, Carlit es una canya,
lo Canigó un reboll.

Dels rius Garona y Éssera sa gran gelera es mare;
Aran, Lys y Venasca podrían dirli pare,
Montblanch y Dhawalgiri li poden dir germá;
á continents més amples d'ossada serviría,
al ángel, per tomársen al cel, de gradería,
de trono á Jehová.

Un cedre es lo Pirene de portentosa alçada;
com los aucells, los pobles fan niu en sa brancada,
d'hont cap voltor de rasses desallotjarlos pot;
quiscuna d'eixes serres, d'ahont la vida arranca
son vol, d'aqueix superbo colós es una branca,
ell es lo cap de brot.

Cabdill es d'eix exèrcit en orde de batalla,
la torra que domina la coloçal muralla,
entre eixes mil arestes del temple'l campanar,
lo Goliat d'eix rengle de filisteus deforme,
d'aqueixos pits y braços l'altívol front enorme
que's veu de mar á mar.

Al bes del sol lluheixen son elm y sa coraça,
l'un fet de neus eternes, l'altra d'un troç de glaça
de dues hores d'ample, de quatre ó cinch de llarch;
los núvols en sa espatlla son papallons que hi volan,
y eix quadro, hont llums, tenebres y tinta y foch rodolan,
té'l firmament per march.

¡Qué altívola es sa calma[11]! ¡qué espléndida sa roba!
perque sía sa regia corona sempre nova
argent li dona l'alba, lo sol son or més fi;
besan son front, quedantshi per joyes, les estrelles,
y á voltes diu que hi para, volant pe'l cel entre elles,
son vol lo serafí.

---

11 Calma, del llatí *culmen*, cima planera, en castellá *meseta*.

Los catalans que hi muntan estiman més llur terra,
veyent totes les serres vaçalles de llur serra,
veyent totes les testes als peus de llur titá;
los estrangers que oviran de lluny eixa montanya,
—Aquell gegant,—exclaman,—es un gegant d'Espanya,
d'Espanya y catalá.—

Veu l'Ebro y lo Garona, Mediterrá y Atlántich,
com eternal espectre sentint llur plor ò cántich,
los pobles veu que arriban, los pobles que se'n van;
del Cid veu lo teatre derrera'l blanch Moncayo,
y ençá dels puigs d'Asturias, alt trono de Pelayo,
la fossa de Roland.

Les áligues no'l poden seguir en sa volada
y á reposar s'aturan, si emprenen la pujada
desde la soca als aspres cimals dels Pirineus,
los núvols, que voldrían volar fins a sa testa,
si no'ls hi puja l'ala de foch de la tempesta,
s'ajauhen á sos peus

Mes tot sovint hi muntan y torna sa corona
non Sinaí feréstech ahont llampega y trona;
lo torb arramba'ls còdols que'l gel li va partint,
llançantlos al abisme com troços de la terra,
mentres, fuet de flames, lo núvol á la serra
ab llamps va percudint.

Aucells aquí no crían, ni flors les primaveres,
los torbs son l'aucellada, ses flors son les geleres,
ses flors que quant se badan cobreixen lo vessant;
les gotes de rosada que'n surten, son cascades
que saltan per timberes y cingles esvarades,
con feres udolant.

Damunt lo glaç negrejan granítiques arestes,
com d'ones formidables esgarrifoses crestes,
illots de roca dreta sortint de mars de gel;
enmarletades torres d'una ciutat penjada,

com son Pont de Mahoma[12] damunt la nuvolada,
en mitj de terra y cel.

¿Hi pujan los pedrayres ací en les hivernades,
los penyalars granítichs á rompre á barrinades?
los pedrayres que hi pujan ò baixan son los llamps,
que'ls que llançan arrancantlos d'arrel y 'ls mitj-parteixen
ab los pregons abismes y rius que los glateixen,
parlantse ab trons y brams.

Ab tres d'aqueixes pedres farías, Barcelona,
la cúpula y lo frontis que espera per corona
ta Seu, que ella mateixa corona es del teu front;
y ab totes les que en esta pedrera esteses jauhen,
podrían d'una peça referse, si may cauhen,
totes les Seus del món.

Bocins son de cinglera, son óssos de montanya,
carreus del mur que allunya la França de l'Espanya,
palets que cercarían los rabaçuts gegants
si, envolts en rufagosa, maciça pedregada,
l'Olimp prop de sa cima veyés altra vegada
lluytar deus y titans.

¿Per qué Deu entre abismes posá tanta grandesa?
Per qué velá de núvols la torra que'l cel besa?
Perque al baixar á terra tingués un mirador
hont l'home, bo ò mal ángel sens ales, no hi fes nosa,
quant á sos peus somía la terra com esposa
lo somni del amor.

Mes per son Deu té sempre la terra alguna espina;
en hábit pobre, vesta ab que pe'l món camina,
un vespre á la cabanya trucava d'uns pastors;
ni llet, ni pa, ni aygua, ni aculliment li daren,
per tráurel de la pleta los goços li aquissaren,
los goços lladradors.

---

12 Pont de Mahoma. Cresta de granit per hont s'arriba á Neto ò cim de la Malehida.

Un rabadá, tan pobre que dorm á la serena,
se lleva la samarra per abrigar sa esquena;
donantli pa y llet dolça, li diu:—Menjau, beveu.—
Quant obre á punta d'alba son hoste les parpelles,
diu al pastor:—Tes cabres aclama y tes ovelles
y fuig derrera meu.—

Fugí, y veyent al pobre davant desaparèixer,
mira la serra, l'altra ramada no hi veu péixer:
penyals son les ovelles, penyals los blanchs anyells,
lo cabridet anyívol, lo boch, lo goç d'atura,
y llurs pastors, que encara ne tenen la figura,
penyals eran com ells.

Desde llavors, a vista del espectacle horrible,
girant lo cap se senya lo passatger sensible,
lo quadro al ensenyarli de lluny algun bover:
la flor deixa aquells márgens, l'aucell fuig d'aquell ayre,
com en les mitj-diades d'estiu fuig lo dallayre
de l'ombra del noguer.

Fugiu també vosaltres, pastors y escursionistes;
com les visions è histories, aquí les flors son tristes,
est hort de roses blanques cobreix un gran fossar,
dessota cada llosa de marbre un clot se bada,
la neu es lo sudari ab que traydora fada
vos vol amortallar

A voltes dins ses coves de vidre sona y canta;
lo viatger ou música suau sota sa planta;
¡ay d'ell! si no fa al cántich de la sirena'l sort,
lo pont de neu se trenca que amaga la gelera
y es la clivella hont vèurela somía, una rodera
del carro de la mort.

Mirau la cima excelsa tot allunyantne'ls paços,
mirau sa cara sense voler dormí' en sos braços;
paranys amaga horribles ab plechs del seu vestit.
De Neto, deu celtíber, es filia la deesa;
però fugiu: sa nua bellesa, es la bellesa

del ángel malehit.

Mes com sobre sepulcre desert herba florida,
més alt que'l dels abismes un Angel bell vos crida:
es l'Angel de la patria, que guarda'ls Pirineus;
ab ses immenses ales cobreix la cordillera,
ab l'una'l promontori tocant de cap de Higuera
y ab l'altra'l cap de Creus.

¡Quins crits més horrorosos degué llançar la terra
infantant en ses joves anyades eixa serra!
¡qué jorns de pernabatre, qué nits de gemegar,
per traure á la llum pura del sol eixes montanyes,
del centre de sos cráters, del fons de ses entranyes,
com ones de la mar!

Un jorn ab terratrémol s'esbadellá sa escorça,
resclosa d'hont al rómpres brollá ab tota sa força
un riu d'aygues bullentes d'escumes de granit,
que al bes gelat dels ayres se fixa en la tempesta,
y'l mar llançá, per ferlo més alt, damunt sa testa
sos peixos y son llit.

Passaren anys, passaren centuries de centuries
abans que s'abrigassen de terra y de boscuries
aqueixes ossamentes dels primitius gegants,
abans que tingués molsa la penya, flors les prades,
abans que les arbredes tinguessen aucellades,
les aucellades cants.

Pe'l gel y rius oberta, prengué la cordillera
agegantada forma de fulla de falguera;
com solch sota l'arada quant cada vall s'obrí,
quant al amor y vida la plana fou desclosa,
Deu coroná la cima més alta y grandiosa
d'eix Guayta gegantí.

Y Espanya, que tenía ja un mar en cada espona,
sols per breçarla y ferli murmuri al llit de l'ona,
que per barrons té'ls Picos d'Europa y lo Puigmal,

39

per cobrecel sens núvol lo cel d'Andalusía,
per ferli de custodi, tingué desde aquell día
un Angel al capçal.

Miraulo allí entre'ls arbres alçar la noble testa,
apar una boyrada sa vagarosa vesta;
de blanques se confonen ses ales ab les neus,
de gel es sa coraça, de llum sa cabellera
que ab la del sol barreja, mentres bramant com fera
lo torb juga á sos peus.

A sos genolls arrima la formidable llança
que veuhen desde Iberia, que oviran desde França,
semblant a la capçada d'un pi descomunal,
quant la maneja, fentla llampeguejar en guerra,
quant bat ponts y muralles, volant de serra en serra,
s'hi aixeca'l temporal.

Mes ara, desarmantlos, d'amor ab llaços dobles
lligant va cada día més fort eixos dos pobles:
los que vehins son ara, demá serán germans;
y com una cortina fent corre' eixa montanya,
la gloriosa França, la heroyca y pía Espanya
se donarán les mans.

Cego d'amor, Gentil no ovira l'Angel;
sols veu de cap á cap l'enorme serra,
de mar á mar l'esmeragdina terra,
la volta de safir de pol á pol,
al temps en que á les ones ponentines,
que ab lo cel fan una mateixa faixa,
rossoladiça entre les boyres baixa
l'áurea carroça flamejant del sol.

Flordeneu de la seva mou les brides,
y á Gentil amadíssim per complaure,
de Pomero florit vola á Camsaure,
serrejant sempre entre Viella y Lys,
y anega la seva ánima en los dolços
remors de rius, cascades y boscuries,

de rossinyols entre suaus canturies
y música y perfums de paradís.

¿Qué son los Pirineus? serpent deforme
que, eixint encara de la mar d'Asturias,
per beure l'aygua ahont se banya Ampurias,
atravessa pe'l mitj un continent.
Quant ja á la mar mediterránea arriba,
al mirarla, potser, tan espantable,
ab un colp de sa espasa formidable
en dos lo mitj-partí l'Omnipotent.

Entre sos dos bocins, que'l colp allunya,
vers França l'un si l'altre vers Castella,
verda, soliua, agraciada y bella
obre son sí florit la vall d'Aran.
Atrets per sa verdor fresca y gemada,
los dos enamorats sovint s'hi giran;
mes prompte ses belleses no s'oviran,
puix l'ombra de la nit los va abrigant.

Vora'ls turons de Montoliu y d'Orla
s'obre'l Pla de Beret á ses mirades,
llibre format de dues serralades
que té lo Pirineu per faristol,
ses lletres son congestes argentines,
y dos rius que bessons s'hi despedeixen
distints realmes á regar parteixen,
l'un vers hont naix, l'altre ahont mor lo sol.

Ella segueix les aygues del Noguera,
bellugadíç espill de les estrelles,
enmirallantse, tot volant, entre elles
al costat de son jove cavaller;
mes prompte de la riba que s'enfonza
surt y faldeja'ls cingles de la esquerra,
per mostrar á Gentil l'aguda serra
que du en son front la creu de Sant Vallier[13].

---

13 Sant Vallier. Nom francés del espanyol Sant Valeri, bisbe de Couserans, abans del

Coflens è Isil li ensenyan ses boscuries,
sos verts pletius, farigolars y prades,
sos llachs Aubé, vall d'Arce ses cascades,
cabellera de cingles y turons,
torrents que desde'ls núvols a la terra
per escala d'abismes se rebaten
al córrech pregoníssim hont se baten
ab l'esperit del gorch a tomballons.

A la tebia claror de la celístia
la lluna uneix la seva blanquinosa,
plujim de fulles d'argentina rosa
que'l puig copça ab la falda de sa vall:
s'abrigan les pinedes adormides
ab aquell vel de calitjosa glaça,
y ab aquells raigs del llach en l'ampla taça
juga del riu'l arruixador cristall.

Vessántsel d' un al altre ab dolç murmuri
los tres llachs de Tristany son més hermosos,
Puig d'Alba y Fontargent més blanquinosos
ab llur brial de neu que may se fon.
Les valls d'Ordino y d'Incles son més plenes
d'armoníes, de somnis y misteri
als raigs que hi deixa ploure l'hemisferi,
ala serena de qui cova'l món.

Contornejant la Coma d'Or herbosa,
segueixen la riera de Font Viva,
per una branca de sa verda riba
escalant la montanya de Carlit.
Quaranta estanys blavosos lo coronan,
quaranta estanys de virginal puresa;
en quiscun d'ells ab tota llur bellesa
se miran tots los astres de la nit.

---

any . Diuhen que ell mateix plantá la creuheta de marbre que corona la hermosa y superba montanya de son nom.

Sota sos peus alats estrelles veuhen
passar, damunt sos fronts y entre les branques
dels negrosos abets, com perles blanques
que fugen á ruixades pe'l cel pur;
y reflectint lo firmament en l'aygua,
al vorejar los dos ses clares ones,
entre boyrines y celistia á estones
creuhen seguir los astres per l'atzur.

Com áliga real que'l vol abaixa,
declina'l carro d'or á la Bullosa,
en prat esmeragdí rúbrica hermosa,
xifra d'argent brodada en vert domás;
y d'aquell riu la cinta anguilejanta
al peu del Canigó les daynes guía,
hont ja la Goja'l seu gojat voldría,
tement que un altre amor no li robás.

Lo pastor, que á sos passos se deixonda,
obrint mitj somnioses les parpelles,
creu que baixan del cel dues estrelles
per qui en la terra algun amor somriu;
les estrelles, que desde l'hemisferi
aguaytan, creuhen veure ab sa coloma
un colomí d'immaculada ploma
que al cim d'un campanar vola á fer niu.

TALLAFERRO

Lo comte Tallaferro va com lo vent
volant per les altures del Pirineu.
Tan bon punt ahí' vespre deixá l'aplech,
seguírenlo'ls fallayres en reguitzell;
son fills d'eixes garrotxes, tots sapadenchs,
germans de les alzines y dels abets.
Per la Porta Forana baixa á Castell,
se'n puja á Marialles y Collet Vert;
tot faldejant la serra de Tretze Vents,
s'atura al hermitatje de Sant Guillem,

Sant Guillem s'está dintre, pregant á Deu,
en creu alçats los braços, los ulls al cel.
Trau lo cap á la porta tantost lo sent:
-¡Oh comte Tallaferro! no us atureu,
que'ls sarrahins saquejan Elna y Ceret.
Mes veus aquí una espasa que es de bon tremp:
de Castelló en lo siti la duya Otger;
Otger moría en braços d'un avi meu
que de l'espasa feuli gentil present;
reliquies de Sant Jordi té dins la creu.
«No la doneu, li deya, sinó á un guerrer
que talle'l ferro verge com brots de cep.»
Preneula, Tallaferro, no us atureu.—
Lo comte no s'atura, deixa'l bon vell,
que aixeca'l toch solemne de sometent.
La campana ab que hi toca no es de gran preu,
no es de coure, ni bronzo, d'or, ni d'argent,
sinó del millor ferro d'aquells meners;
en ella no s'hi veuhen colps de martell,
sols s'hi veuhen ditades del penitent.
Un día aná á la farga de Montferrer:
—Fargayres, bons fargayres, així us guard' Deu
com jo he feta una hermita dintre'l desert;
les portes son de roure, l'altar de teix;
sols me falta una clotxa per son cloquer:
podría en les tempestes tocá' á bon temps,
y en les guerres de moros á sometent.
¿Per férmela de ferro me'n donarèu?
—De la fornal prenèusel; está bullent.—
Posant la má á la fosa, lo sant se'l pren;
la pasta com sa terra lo terricer,
d'una mitra donantli l'ayre y cayent[14].
Prometença que feya 'vuy la cumpleix,

---

14 Esta tradició y la apuntada en lo cant XI sobre Sant Guillem de Combret, son populars en Vallespir. Contan, á més, que ell volía plantar sa hermita al peu de Corsaví; mes malagrahits los habitants d'aquest poble, aterravan de nit lo que ell feya de día. Llavors ne prengué comiat, dihentlos: «Pledejayres serèu, mes cap plet guanyarèu», y se'n aná á bastir la capella de Santa Magdalena, que es avuy la de Sant Guillem, ahont fent aspra penitencia, diu, que baixavan les daynes dels cims de Canigó per alimentarlo ab sa llet pura y flayrosa.

alçant lo coure als moros, com al mal-temps.

Lo comte Tallaferro pe'l camí dret
segueix lo Comalada, que embranca ab Tech,
y vora les pedreres de marbre vert,
passa'l Pont de la Verge, puja á Cabrens.
La montanya's corona d'un gran castell,
lo castell de tres torres ab sos marlets:
passa ell prop de les dues sense dir res;
al peu de la més alta llança un renech:
—¡Baixau d'eixes altures, com llamp de Deu,
que puja un riu de moros per Argelès;
si no baixau vosaltres, pujarán ells
á traure d'eix niu d'áligues los esparvers!—
Diu y ja sent que baixan, baixan corrent,
arrossegant la llança, fent dringar l'elm.
Lo comte no'ls espera, corre més que ells,
corre cap á Custojas per Sant Llorens.
Desde un cim de carena del Pirineu,
fa ressonar la trompa dos colps ò tres.
Quant l'aparta dels llabis, ja son desperts
masovers y masfes d'aquells endrets,
y desde la Junquera fins á Bajet
los pobles se remouhen en sometent.
Lo comte no'ls espera, no té pas temps;
ventant esperonada, baixa rabent
desde'l cim de Custojas á Massanet.
Diríau que ab má forta lo vent l'empeny,
lo vent de tramontana canigonench.

¡Oh, Mangala de ferro, que don Roland
plantá en mitj de la plaça roja de sanch!
si'l comte no t'arranca, ningú ho fará.
Lo comte té una espasa que més li val,
d'argent té la creuhera, d'acer lo tall;
los moros quant la vejan, tremolarán,
com tremolan les messes prop de la falç.
¡Oh, Mangala de ferro de don Roland!
á qui té aqueixa espasa tu no li plaus
y esperona á sos hèroes al crit d'avant.

45

Lo castell de Cabrera los veu pujar,
com serp que s'aforesta, vers Paniçars.
Dels Trofeus de Pompeyo[15] passan devall,
que, alçant entre suredes son front gegant,
lo Rosselló dominan y l'Ampurdá.
Rocaberti, entre penyes mal-amagat,
vers Requesens l'exèrcit mira enfilar.
Allí'ls abets y alzines, roures y faigs
se creuhan com les llances en un combat;
lo comte á colps d'espasa va obrintse pas,
deixantne grans esteses ençá y enllá.
Si'ls moros lo veyessen destralejar,
lo colp no esperarían de sa destral.
Lo comte Tallaferro ja veu ses naus,
lluhint la mitja lluna damunt dels pals,
astre de mal auguri per nostres camps,
y exclama ab ulls encesos y braços alts:
—Bon Deu, ¿s'han fet pe'l moro ports catalans?—
Aquí'l Pirene altívol abaixa'l cap,
com monstre que s'abeura dintre la mar.
Lo comte Tallaferro timbes avall
devalla com lo núvol del temporal,
prenyat de pedregades, de trons y llamps.

Al extrem de la serra de Puigneulós,
punt al cap d'una ratlla, s'alça un turó,
un turó que centuries guardará'l nom
del comte que'n devalla fet un lleó,
Fallayres lo segueixen, aufranys y corps
que ja de carn humana senten fortor.
Lo comte diu al vèurels: —N'hi haurá per tots,—
y baixa per un córrech de dret al port.
Los sarrahins que hi troba no son pas molts;
lo primer colp que venta sembla sortós;
apar que'l moro fuja, les naus y tot.
Qui pot ferir de sopte fereix dos colps;
mes ¡ay! no era ell qui ho feya, que era'l traydor.

---

15 Trofeus de Pompeyo. Marca, Desjardins y Henry los col·locan en lo més alterós del Portús. Tal volta jauhen soterrats entre'ls fonaments de Bellaguarda. (N. del E.)

Del puig de Tallaferro germá bessó,
un puig alça la testa sota Salfort,
que es repeu de la torra de Madeloch.
Cada nit los diables hi tenen cort
y avuy ab ells pujaren moros y tot.
Quant lo comte donava lo primer colp,
ardits per ses espatlles li feyan foch
ab fletxa enverinada que asseca'l cor.
Los cristians lluytaren á esclat de mort;
mes prou que poquejavan foren més pochs,
quedantne molts d'estesos en lo revolch,
los uns ferits en terra, los altres morts.
Per tot moros arriban á glops, á glops,
á núvols; enviantlos fletxes y rochs;
arrriban com zumzades d'una maror
d'alfanchs y cimitarres, de vius y morts.
Com més lo comte lluyta, més se veu clos;
son corcer s'entrebanca y esclaman tots:
—Al pujar á mitj día lo sol s'es post;
¡oh comte Tallaferro, Deu te perdó!—

Del Canigó'ls fallayres son de pedreny,
tots s'han batut ab ossos del Pirineu,
mes sense Tallaferro, ¿què poden fer?
¿què poden fer sens testa les mans y peus?
Tan prompte'l veuhen caure com cauhen ells,
aterrant á rengleres los agarens.
Los abets son los cedres del Pirineu,
parassol per lo cingle, mural pe'l vent,
alzinars y pinedes los diuhen reys;
sos tronchs umplen la coma, sa brosta'l cel;
mes, quant de vora'ls núvols cau lo més ferm,
bé n'aixafa de murtes y pinatells.
Los lligan colze á colze, com bandolers,
y'ls duhen entre llances cap als vaixells.
Dintre'ls vaixells s'hi senten plors y xisclets:
minyones son que ploran, les del Vernet,
les que sardanejavan ahí' al aplech.
Catives quant les troban, mes ¡ay! com ells,
les llágrimes que ploran bé son de fel!

—Cantau, cantau,—los deya moro burler,—
les cançons que entonavau vora la Tet.
—¿Còm cantarèm, lo moro, còm cantarèm,
si sols tenim cadenes en mans y peus?
¡Moros de Morería, mal llamp vos crem!—

No es mort lo comte encara, sols es ferit,
es ferit de l'espatlla per arma vil;
no la manejan nobles, sinó assessins.
No tant com la ferida sent lo despit,
quant tots los seus veu caure y entre enemichs;
quant veu que se'ls ne duhen, pensa morir!
Catorze moros negres, bons per butxins,
ab cadenes lo lligan, com un mastí.
Al alçarse de terra llança un sospir:
—¡Malehida la fletxa que m'ha ferit!
¿per què'l cor no'm passava de mitj á mitj?—
A l'aygua se l'en duhen, mes aygua endins.
¡Ay poble de Colliure, qué n'ets de trist
pe'l comte Tallaferro que tens catiu,
catiu dintre una barca de sarrahins!
Negroses son les ones, negra la nit,
puix núvols d'ales fosques la van cobrint,
y está més negre encara son esperit,
son esperit que plora dintre aquells llims.
Aixeca'ls ulls en l'ayre, plorant á rius:
—¡En aquesta hora aydáunos, ¡oh Jesucrist!
ans que ser de Mahoma, volèm morir!-
Al dir eixes paraules son cor reviu,
d'una estrebada trenca ferro y cordills
y á les vehines barques envía un crit:
—¡Fallayres, á les falles de Sant Martí!—
Los moros no l'entenen, están tranquils;
qui vetlla en la coberta del comte's riu,
qui dorm dintre la popa segueix dormint;
no dormirán pas gayre si restan vius.
D'una pedra foguera se veu l'esquitx
que encen un cap de falla bellugadíç,
alada serp que vola d'esquif á esquif,
de serps en cada barca trobant un niu

que's creuhan per los ayres en trebolí,
com estrelles que cauhen en negra nit,
com en dança nocturna mals esperits.
Quant los moros despertan al gran cruixit
de les naus que s'inflaman com polvorins,
se troban sense espases y entre enemichs
que ja damunt ses testes les fan lluhir.
Les ones, que eran negres, vanse aclarint,
tornantse enormes lloses d'un cementir
ahont moros cabuçan á cents y á mils,
enterrats abans d'hora, de viu en viu,
mentre'ls fallayres nadan, nadan fugint,
ab la pregaria als llabis, l'espasa als dits:
—En aquesta hora aydáunos, ¡oh Jesucrist!—
Jesucrist los ajuda, ne van sortint
les nines casadores y sos fadrins.

Quant arriban á terra l'aurora hi riu:
á sa claror enrotllan lo fort cabdill
á qui la sanch degota de fil á fil.
Ab la sanch, lo bon comte pert lo delit,
mes no pert, no, 'l coratge de paladí.
Un vell fallayre senya son dors ferit;
per damunt la ferida passa los dits,
com si tragués á fora lo mal de dins,
y fent tres creus exclama: *Tall fet, tall vist,
tan aviat guareixte, com jo t'ho dich:
guareixte en nom del Pare, Fill y Esperit.*—
Mentre'l pastor lo cura, llança un sospir,
alçant á la montanya los ulls humits:
—Bon comte,—li demana,— ¿vos faig patir?
—De nafres com aquesta, pastor, me'n rich;
dinou mon cos ne duya y ara'n duch vint.
No es per mi si sospiro, que es per Gentil,
quant penso, ¡pobre pare! ¿què fa'l meu fill?—

NUVIATJE

Gentil ja passa la Tet
de la fada en la carroça;

¡qué bonich es y ben fet,
qué aixerida ella y qué rossa!

De la cova de Sirach
ja's rumbejan per l'entrada,
cem una barca en un llach
hont les gojes fan bugada.

De tosca son los Bacins[16]
hont la ensabonan y mauran;
sembla en sos dits argentins
que la platejan y dauran.

La verneda es l'estenall
hont cada vespre l'estenen,
en rentador de cristall
com una neu quant la tenen

Per tot lluhenta d'esmalt,
la cova creix y s'aixampla,
son sostre sembla més alt,
sa galería més ampla.

S'hi embrancan cent corredors,
com los carrers d'una vila,
plena de llums de colors
que perlejan en l'argila.

Est guía á la de Fullá,
eix á la Cova Bastera
que's decanta á Cornellá
sota'l canal de Bohera.

La cobreix rich teixinat,
trespol de marmòrea cambra
per cisells moros brodat

---

16 Bacins de les encantades s'anomenan uns grans viots ò petits safareigs que hi há dintre la cova de Sirach. La gent del pahís creu que eixa cova s'embrancava antigament ab la Bastera de Vilafranca. (N. del E.)

que brodarían l'Alhambra.

Ja s'enconca com uns cels
en volta d'or estrellada;
llantions son sos estels
que may eclipsa l'albada.

La volta deixa filar
la tosca en estalactita,
fins que la puja a besar
amorosa estalacmita.

En pilars alabastrins
les dues se converteixen,
que aprés artistes divins
envernican y puleixen.

Ab capitells mal-rodons
uns semblan tronchs de palmera
esbadiats en palmons,
archs de la volta lleugera;

palmeres d'encantat bosch
de soca entre blanca y bruna,
després d'entrada de fosch,
quant ja hi llambrega la lluna.

Altres en gran desconcert
semblan gegants en batalla,
batentse á cos descobert
ò abrigats ja ab la mortalla;

cristians y sarrahins,
de tot vestuari y mida,
alguns d'ells, com deus marins,
muntant corcers sense brida.

D'eixa sala una altra'n ve
y altres voltes s'hi desclouhen,
hont, com boyra en cel serè,

lleugeres ombres se mouhen.

Un temple's veu més enllá
ab son altar d'alabastre;
feta ab cisell sobrehumá,
la imatge al mitj com un astre.

La trona espera una veu,
l'orga una má que la inspira,
fins apar que espera a Deu
lo sagrari que s'hi ovira.

Lo camaril sembla d'or
de pórfit la portalada,
se veuhen monjos al chor
y estols de gent á l'entrada.

Més enllá hi há un claustre gran
y Benets que s'hi passejan
en sos llibres tot resant,
hont los cántichs ja aletejan.

De la claustra en un recó
s'enfila una escala ayrosa,
un marbre es cada grahó
vionat de blanch y rosa.

Aprés troban un replá
hont descolcan y s'asseuhen;
¡qué hermosa la font que hi há!
¡qué dolça l'aygua que hi beuhen!

Si eixa es la font del oblit
no ho esbrina pas l'historia,
mes del pahís que ha trahit
ell va perdent la memoria.

Y amunt puja y més amunt,
com aucell de branca en branca,
d'aqueixa cova damunt

una altra'n veu de més blanca.

Mes com la puja de grat,
troba curta tota escala;
per un cor enamorat
cada pas es un colp d'ala.

De sopte un raig de claror
sa pujada fa més dolça,
sent cántichs entre verdor
y rierons entre molça.

De la cova singular
la carroça es á l'entrada,
que's desclou al día clar,
com una porta que's bada.

Porta d'or del Orient,
llavors de l'aurora bella
lo sol anava naixent,
com la flor que s'esbadella.

Del Canigó gegantí
Gentil en la cima's troba,
davant d'un quadro diví
que tots los sentits li roba.

LO ROSSELLÓ

—Aguayta!—diu l'hermosa, y en mágich panorama
obrir ven á ses plantes lo pla del Rosselló
per entre cortinatges de boyres d'or y flama,
y ací's veu, com en somni d'amor, prop de sa dama
y al cim de Canigó.

Cinch rius brollan d'aqueixa montanya grandiosa,
cinch rius d'aygua de gebre, mitj perles y mitj gel,
de tots ab les escumes lo Rosselló s'arrosa;
aixís sos raigs escampa l'estrella més hermosa
per los jardins del cel.

Apar una almorratxa descomunal que vessa
per sos cinch brochs de vidre cinch rius d'aygues d'olors;
la aixeca entre eixes cimes Pirene gegantessa
com quant, dintre la plaça, dançant la pabordessa
arruixa'ls balladors.

Gegant ample d'espatlles, al torb y a la tempesta
y als núvols deixa ferhi cada hivernada aplech;
ramades té que viuhen de romaní y ginesta
en cada arruga esteses de sa rumbosa vesta,
y un poble en cada plech.

Allá d'allá Colliure, del Pirineu derrera,
se ven rojench è informe sortir lo sol naixent,
com far que ab braç de ferro sosté la cordillera,
y al náixer ja ab sa rossa y estesa cabellera
s'abriga'l firmament.

De son breçol d'escumes quant s'alça cada día,
son raig primer corona lo rey del Rosselló;
de jorn tot l'enmantella de llum y pedrería,
y al pòndres en Maranges encara un bes envía
al front del Canigó.

A sa claror s'aixampla rihent la plana hermosa,
com desvetllada als dolços murmuris del matí;
lo pèlach a ses plantes dormint, mòures no gosa,
per no desabrigarla sa filla somniosa
de sos llençols de lli.

Té á esquerra les cendroses, vitíferes Corberes
que al Pirineu, com branques, se pujan á empeltar,
á dreta les florides, granítiques Alberes;
lo Rosselló es un arch de dues cordilleres
que té per corda'l mar.

Es una immensa lira que en eixa platja estesa
vessanta d'armoníes deixá algun deu marí,
lo Canigó es lo pom, les cordes que'l cerç besa

son los tres rius que roncan lliscant per la devesa,
lo Tech, la Tet, l'Aglí.

La Goja diu:—No sempre fou eixa vall desclosa:
fou aygua lo que es herba, lo que ara es vert fou blau;
bramaren les balenes hont Prada avuy reposa,
y'ls claustres d'Elna muntan, evori en coral-rosa,
de Téthis lo palau.

Força-real y Pena[17] foren ses illes belles;
del Canigó en la soca fermárense vaixells,
volaren les gavines cantant cançons novelles
en eixes margenades, hont brescan les abelles,
hont jugan los anyells.

Es obra del Pirene gegant aqueixa terra,
dels cims la devallaren les aygues de gra á gra,
les pedres de la plana son òssos de la serra,
d'ahont un pas per segle, com hoste que's desterra,
lo pèlach reculá.

A les Nereydes, filles de Dòris, suplantaren
les Náyades joliues, que en Arles y Molitj
de sa aygua sanitosa les urnes abocaren;
les Dríades dins l'arca dels dòlmens s'allotjaren
dels arbres entremitj.

¿De quántes guerres fora lo Rosselló teatre?
portal d'Iberia, ¿quántes nacions ha vist passar?

---

17 Força-Real y Pena son dos turons molt oviradors per sa posició descartada, y per estar coronats de dues *devotes*, que aixís s'anomenan en lo Rosselló los hermitatges.
 En Nostra Senyora de Pena se repeteix la tradició, cantada per nostre confrare, lo *Pastorellet de la Vall d'Arles*, d'una noya que fugint dels moros se tirá daltabaix del cingle, sense ferse mal, per intercessió de la Verge. Per aixó á una de ses timberes se li diu lo Salt de la Donzella.
 Pena es lo mateix que penya. Ab aqueix motiu transcribim, sense traduhirlos, eixos mots de M. Vidal en son *Guide du Roussillon*. «C'est bien à tort que certains géographes ècrivent Cases de Peine, ce qui donne une signification bien différente. La manie de franciser les noms propes du Roussillon fait souvent commetre de ces contresens.»

Les serres, graderia d'aqueix anfiteatre,
en sa creixent arena més pobles han vist batre
que onades en sa mar.

Grans viles lo fenici vora eixa mar plantava,
y, esposa desertívola que cerca un altre llit,
besava llurs muralles mil anys y les deixava,
y lluny elles al veure sos ulls y vesta blava,
morían de neguit.

Lo temps á Caucolíberis é Il·líberis esborra,
si restan llurs ossades, sos noms ja ningú'ls sab.
De la Ruscino Púnica ne resta sols la torra,
com d'home que en l'arena de vora mar s'ensorra,
trayent ja sols lo cap.

Ençá d'eixa columna, padró de sa ruina,
una ciutat naixenta no veus? es Perpinyá,
la que li ha pres per sempre lo ceptre de regina.
Donchs jo l'he vista náixer, com d'un reboll l'alzina,
com roure d'un aglá.

Un fill de la Cerdanya, que Pere Pinya's deya,
tement que'l soterrassen les neus, parlá á la Tet:
«¡Oh! guíam tu que hi baixas, al pla que s'assoleya.»
«Segueixme», 'l riu contesta, y'l llaurador ho feya
per no morir de fret.

Dels bous pren les tirandes y per sa verda riba
segueix lo riu que corre camí del Rosselló;
quant ja vora les aygues del mar la Tet arriba,
diu al bover: «Arrèlat aquí, llaura y cultiva,
tos camps regaré jo.»

Com Rómulus un día del Tibre en la ribera,
de freixe ab sa carreta rodeja un troç de pla;
allí planta una casa, un camp y una olivera,
ara es ciutat la casa, mur ample la rodera,
lo mur de Perpinyá.

Apar una encantada que de l'escuma eixida
mirantse s'extasía, granívol Rosselló,
y alçant á les neus vèrgens los ulls embadalida,
no sab si ab més belleses y ab més tresors la crida
la mar ò'l Canigó.

Mes eix es meu, cap reyna del món té millor trono;
á cap fins les boyrades humils besan lo peu;
y aixó y mon cor y vida y esdevenir te dono;
ací, al nivell dels astres, de gloria te corono,
més alt sols está Deu.

Oh! mira mes companyes com á enjoyarte volan
en carros de boyrina de polsaguera d'or;
algunes per lliseres de neu y herba roçolan
fins que, de joyes plena sa falda, s'enarbolan
parlant de nostre amor.

A aixams així á trench d'alba les áurees abelles
murmurioses volan vers l'ametller florit.
Oh! mírales còm pujan, qué cándides y belles!
no son més aixerides al vespre les estrelles
quant pujan al zenit.—

MONTANYES REGALADES

UNA GOJA VOLANT

Jo veig una rosa vera,
una rosa y un clavell,
ditxosa la primavera
que pot férsen un ramell.
Llur test d'or es la montanya,
quín gerro tan grandiós!

ALTRA GOJA

No volèm gayre, companya,
ara que parlan tots dos.
Mira allí la de Mirmanda.

¿Què farèm al arribar?

LA GOJA DE MIRMANDA

Voltèm lo cim en garlanda
y posèmnos á cantar.

CHOR DE GOJES, FENT LA SARDANA

Montanyes regalades
son les de Canigó,
elles tot l'any floreixen,
primavera y tardor.

LA GOJA DE MIRMANDA

Quant Barcelona era un prat
ja Mirmanda era ciutat,
forts gegants l'han aixecada,
que de pedra ab glavi tosch
quant los veyan dintre'l bosch,
fins los roures tremolavan.

La aixecaren, fent ensalms,
ab reblums de quatre palms,
ab palets de quatre canes,
entre'l secá y l'ayguamoll,
com la vila de Ripoll
entremitj de dues aygues.

Allí tinch lo meu casal,
tancadeta ab un penyal
sota'l casal hi há una balma;
de joyells d'argent y d'or
allí guardo mon tresor,
com sos bonichs una garça.

Lo millor que hi he trobat
es eix espill encisat
que enamora á qui s'hi aguayta,

lo mánech sol que sosté
aqueix diamant serè
val la corona d'Espanya.

CHOR DE GOJES

Montanyes regalades
son les de Canigó,
elles tot l'any floreixen,
primavera y tardor.

LA DE GALAMUS

De les valls del Rosselló
Galamus es la més bella,
oberta á la llum del sol
n'apar una mare-perla,
n'apar un cistell de flors
que enarboran les Corberes,
com dalt d'una branca un niu
entremitj de cel y terra.
Hi cantan los rossinyols,
les tórtores hi gemegan,
y les áligues reals
ab ses alasses l'ombrejan.
D'aqueix Camp[18] jo'n so la flor,
d'aqueix cel jo'n so l'estrella;
hi tinch la Fo per passeig,
per palau la cova immensa,
per gegantí mirador
lo serradal de l'Esquerda,
per font lo riu del Aglí
renadiu sota una penya,
per corre' á besar los peus
á Sant Pau de Fenolleda.
L'ofrena que us faré jo
es la que á mi'l riu m'ha feta,
topacis de Bugarach,

18 Del mot *Campus* s'ha format Galamus.

hont naix lo riu que me'ls deixa,
enfilats ab un fil d'or,
com un collaret de reyna.

CHOR DE GOJES

Montanyes regalades
son les de Canigó,
elles tot l'any floreixen,
primavera y tardor.

LA DE RIBAS

Jo tinch una galería
que va per dintre dels monts
desde la Cova de Ribas
fins al Forat de Santou.
Per un cap veig Coma-Armada
y'ls espadats de Mongrony,
per altre'l riu que anguileja
desde Caralps á Ripoll.
Mon palau es dins un cingle
que'l Freser parteix en dos,
á cada banda de cingle
tinch finestres y balcons,
ab eureres per cortina,
lligaboscos per festó.
De riba á riba abraçantse
vells roures me fan de pont,
los que passarhi m'hi veuhen
me prenen per un colom.
Filla d'Amand[19] rey bagauda
encantada allí visch jo,
al valent que'm desencante

---

19 Amand rey bagauda. Nostre erudit amich, mossen Parassols (Revista Històrica, Ier Agost 1874), diu que'ls bagaudes se sostingueren envers les Coves de Ribas fins que les tropes del goth Eurich s'apoderaren d'Amand, llur cabdill ò rey, que mataren en lo cim planer de Foixera, anomenat Pla d'Amand, hont se veuhen en cara runes d'un fort primitiu, sens rastre de morter ni de pedra picada. ¿Quí sab si nasqué d'aquells llunyans successos la tradició popular d'haverhi en les Coves una princesa

prometentli grans tresors,
donarli vida més dolça
y ferlo franch de la mort.
Mentrestant, gentil parella,
prenèu ma corona d'or.

CHOR DE GOJES

Montanyes regalades
son les de Canigó,
elles tot l'any floreixen,
primavera y tardor.

LA DE BANYOLAS

Tota la nit he filat:
vora l'estany de Banyolas,
al cantar del rossinyol,
al refilar de les gojes.
Mon fil era d'or,
d'argent la filosa,
los boscos vehins
m'han pres per l'aurora.

Per devanar lo meu fil
tinch belles devanadores,
les montanyes de Bagur,
les de Bagur y Armen-Roda,
les serres de Puigneulós,
les del Mon y Rocacorva.
La plana del Ampurdá
may ha duyt millor corona,
corona de raigs de llum
trenats ab lliris y roses;
semblava un pago real
obrint sa florida roda.

---

encantada? Afegeix la tradició que aquelles històriques Coves se comunican ab lo Forat de Santou, abisme esglayador que hi há á espatlles de Mongrony, en mitj d'una pineda.

Mon fil era d'or,
d'argent la filosa,
los boscos vehins
m'han pres per l'aurora.

Com lo fil era daurat,
les madeixes eran rosses,
hermosos cabells del sol
encastats de boyra en boyra.
De les Estunes[20] al fons
lo teixían quatre alojes,
llur teler es de cristall,
de vori la llançadora.
Veusaquí'l vel que han teixit
tot esprés per una boda.
Mon fil era d'or,
d'argent la filosa,
los boscos vehins
m'han pres l'aurora.

CHOR DE GOJES

Montanyes regalades
son les de Canigó,
elles tot l'any floreixen,
primavera y tardor.

LA FADA DE ROSAS

Qué bonica n'es la mar,
qué bonica en nit serena!
de tant mirar lo cel blau
los ulls li blavejan.

Hi devallan cada nit

---

20 Les Estunes son un gran banch de roca trocejat per algun terratrèmol, de quals enormes esquerdes la tradició n'ha fetes palau de les alojes. Alsius, *Ensaig històrich de Banyolas*. Lo motiu d'aqueixa cançó lo trayèm de la sabia obra *Historia del Ampurdán*, de nostre amich Pella.

ab la lluna les estrelles,
y en son pit, que bat d'amor,
gronxades se breçan.
Tot escoltant l'infinit
sa dolça música ha apresa,
n'apar lo mirall del cel,
lo cel de la terra.

Ahí' vespre la vejí
com dormía en la maresma,
com dormía cabdellant
escuma y arena.

Los coralers de Bagur
coralan dins llur barqueta:
—Coralers, si m'hi voleu
faréu bona pesca.

Si voleu saber quí so,
so una fada ampurdanesa,
les fades del Pirineu
me diuhen Sirena.—

Quant ells se tiran al fons
jo'n sortía ab les mans plenes,
ells trauhen rams de coral,
jo aquest ram de perles.

CHOR DE GOJES

Montanyes regalades
son les de Canigó,
elles tot l'any floreixen,
primavera y tardor.

LA DE FONTARGENT

De Fontargent á Oriege
n'he baixada aquest matí

pe'l rost de Clota Florida
maduixetes á cullir.
Tot umplintne la cistella
un aurer ensopeguí,
un aurer que entre la sorra
triava granets d'or fi.
—Deu vos guard', gerdera hermosa.
—Deu vos guard', gallart fadrí;
prou vos daría maduixes
si'm donasseu d'or un bri.
—Prenèusel, gerdera hermosa;
per gerderes l'apleguí.—
Ell me'n donava una ambosta,
jo unes volves ne prenguí,
mes maduixes oferintli,
de les selves coral fi.
Mentres ell se les prenía
les maduixes cambihí,
cada gert era un carboncle,
cada maduixa un rubí.
Per ensenyárvosen mostra
la més vistosa encastí
en est anell de cinta ampla
que en dos se pot mitj-partir:
per anell de nuviatge
si'l voleu, vèusel aquí.

CHOR DE GOJES

Montanyes regalades
son les de Canigó,
elles tot l'any floreixen,
primavera y tardor.

LA DE LANÓS

Sols per fervos un present,
de llevant fins á ponent
he seguit la terra mía;
vos ne porto una arpa d'or

que fa passar la tristor,
que fa venir l'alegría.
Cada colp que la toquen
vos hi respondrá una veu,
la veu de l'ánima mía.

CHOR DE GOJES

Montanyes regalades
son les de Canigó,
elles tot l'any floreixen,
primavera y tardor.

DESENCANTAMENT

FLORDENEU

Gentil meu, jo què't daré
si tant mes fades te donan?
De qué jo't coronaré
si d'or elles te coronan?

Te donaré lo meu cor,
lo cor y la má d'esposa,
jo seré ta dolça flor,
tu serás ma abella hermosa.

Companyes, mentres me'n vaig
á vestir ma verda vesta,
com les boscuries pe'l maig
del amor per la gran festa;

mentre'ns cantan los moixons
sos himnes epitalámichs,
y envían valls y turons
onades d'alens balsámichs;

mentres lo sol surt del mar,
daurant aquest promontori,

com il·lumina l'altar:
lo brandó del desposori;

de mon regne, que es lo seu,
recordauli alguna historia:
parlauli del Pirineu,
que es lo trono de ma gloria.

LA FADA DE MIRMANDA

PASSATGE D'ANNÍBAL[21]

Les gojes de Mirmanda, de Vallespir y Alberas
aquell matí dançavam en lo Bosquet dels Horts,
en lo bosquet de roures, d'alzines y sureres,
d'una arpa de set cordes als divinals acorts.
De prompte se sentiren remors en la collada,
com d'un torrent quant ronca venint la torrentada;
la borinor s'acosta, rodola la tronada
y en la serena riuhen del Pirineu los ports.
¿Será que un vent ha foses les neus de l'alta cima,
y á rius envían ara ses aygues á la Vall?
¿Será un estol de feres que ve mudant de clima,
ò'l rúfol torb que espolsa sa crin com un cavall;
lo torb, aqueixa mánega de vents que arrasadora
traboca les cabanyes, los llachs y rius devora,
capola'l tronch dels arbres com ceps la podadora,
á feixos estimbantlos ab fort terrabastall?

---

21 Segons l'opinió més admesa, Anníbal atravessá los Pirineus passant per Aspolla, Carbassera, Coll Tarrés, Puig Massana y per la Vall d'aquest nom baixá al Rosselló. Los pochs traginers que encara fan aquest camí l'anomenan la Carrera Vella. La Vall, que havía tingut cent fochs y está avuy gayre bé despoblada, té per capçalera la superba roca de Monbram, que la senyoreja tota, y al cap d'avall lo Bosquet dels Horts, que no es pas major que la plaga de la Llotja de Perpinyá y es ple d'arbres y de cercles de rochs mal apilats, alguns verament ciclòpichs. Si es estat, ò no, un reducte cèltich ò d'altre poble primitiu, com vol Jauvert de Reart, *Bulletin de la societé Philomatique de Perpignan*, no'm toca á mi resòldreho; mes al visitarlo l'imaginació m'hi feu veure entre les alzines y pins figures de guerrers dançant ab les armes als dits y ombres de blanques aloges baixant á esbandir sos tovallons vora les aygues del Massana.

Es lo torrent d'Anníbal; ab grans destrals y serres
li van obrint passatge deu mil treballadors,
lo puig son front abaixa, la vall s'umple de terres,
lo pont d'una gambada passant rius bramadors.

Les penyes, si fan nosa, y'ls grenys del camí trauhen;
al colp dels llenyatayres arreu los arbres cauhen,
los faigs y les muixeres son canyes que s'ajauhen,
los vellaners son herbes als peus dels dalladors.

Los balears penjada duhen al braç la fona,
trenada ab tres badíes de cánem ò de pell,
quant de sa roda encesa, que força y foch li dona,
la pedra surt brunzenta, ò aterra ò fa portell.
Lo cos dels sagitaris segueix l'immensa rua;
buyrachs feixuchs ressonan damunt sa espatlla nua,
rublerts tots de sagetes de verinosa pua
que en sa volada trenca les ales del aucell.

Y, avall, onades d'hòmens á onades succeheixen,
ones de ferro á onades d'acer sense parar;
com may encara'n surten al cim, y ja cobreixen
lo pla, les del Massana seguint cap á la mar.
Mostrant al sol sa escata d'argent que lluhenteja
apar serpent enorme que corre y anguileja,
desde Banyuls á Salces, de Salces fins á Osseja
podent dues vegades lo Rosselló faixar.

En mitj de la boyrada de pols que'ls acompanya
lluhir se veuhen armes d'acer y escuts d'aram,
com al tronar en vespres d'estiu en la montanya
se veu dins negres núvols cohetejar lo llamp.
Feixugues s'arrossegan les máquines de guerra,
com si rodant cayguessen esberles de la serra,
y, fent cada rodada trontollejar la terra,
rosegan ab llurs rodes la roca de Monbram.

Cent elefants segueixen, com serres que caminan,
formant grans siluetes al dors del Pirineu;
per ferlos pas los roures de trescents anys s'inclinan,

67

los castanyers se rompen, més flonjos que llur peu.
Damunt del més altívol, en torra cisellada,
Anníbal atravessa l'immensa serralada;
al vèurel jo dels núvols baixar, á no ser fada,
de genollons en terra l'hauría pres per deu.

Gegant de pedra que umple la Vall y la domina,
lo gros Monbram, d'Anníbal als peus, sembla petit,
apar que al vèurel dobla sa testa gegantina,
que sols lo llamp, eix glavi dels núvols, ha ferit.
Es alt, ample d'espatlles, de colossal figura,
un perpunt d'or abriga son pit y sa cintura:
dels joves de Cartago té l'ayre y la estatura;
té dels lleons del Atlas lo tronador rugit.

Una legió sagrada de nobles lo corona,
seguintlo, com al carro del sol lo resplandor;
ab una adarga abrigan son cos ampla y rodona,
ses armes y sa túnica son una llauna d'or.
Derrera d'ells les tribus de l'Africa negrejan,
y'ls espanyols sa espasa llarguíssima manejan;
quant los romans en Cannas llampeguejar la vejan,
han de deixar per ella llur ensis tallador.

Ans d'arribarhi, una altra muralla los espera,
de gran contramuralla li fan los Pirineus,
dels Alpes es l'abrupta, suprema cordillera,
muntada per una altra de glaces y de neus.
Entre ells, en ample fosso, lo Rose fa sa vía,
serpent que ab una onada l'exércit desfaría,
gran monstre de set boques que tot ho engoliría,
sos elefants, ses armes, sos hòmens y sos deus.

Per forta reraçaga vint mil cavalls segueixen,
tots ells fills del Sahara, germans del Simoún;
com los centauros, sella ni brida no coneixen
los etiops que'ls muntan, poltro y jenet fent un.
Al vèurels, dalt dels Alpes, la terra italiana
dirá lo que al Pirene sembla ara dir la plana:
Cayent d'eixes altures, aqueixa allau humana

dels pobles que jo abrigo me'n ve á xafar algun!

Desde'ls murs de Ruscino, que allá d'allá negrejan,
umplirse d'armes miran llur terra los sardons,
tranquils miran les messes de Mart com hi onejan,
los elefants, los poltros, les llances y'ls penons.
—Alsáuvos contra Anníbal,—ahí'ls romans los deyan.
—Alsáuvos contra Anníbal,—y á bell esclat ells reyan,
davant de la riuhada com canyes ells se veyan,
y ab canyes no s'atura lo riu de les nacions.

—Donáume pas,—d'Anníbal los missatgers los diuhen
avuy;—jo vaig á Italia, so amich, no us fassa po'.—
Ells ouhen lo missatge prudents y no se'n riuhen:
—Que passe,—li responen, tancantse en Rosselló.
Y tot un jorn vejeren per sota sa muralla
passar peons, fonèvols y carros de batalla,
arquers ab sa ballesta, dallayres ab sa dalla.
Què hi ve á cercar á Europa de l'Africa'l lleó?

¿Qué hi ve á cercar? ve á bátres ab l'áliga romana,
la terra no es prou ampla per dos rivals tan forts;
ve á traure de son trono del món la sobirana,
á Roma o á Cartago ve á obrir lo camp dels morts.
Per què á morir volavau aixís, tribus guerreres?
Per què pastors no us feyau, d'aqueixes torrenteres?
Les fades de Mirmanda, de Rosselló y Alberas
dançavam aquell día dins lo Bosquet dels Horts.

LA DE FONTARGENT

NOGUERA Y GARONA

De Beret l'immensa plana
té la forma de breçol,
té montanyes per barana
hont com mare aguayta'l sol.
Té per alta capçalera
la montanya de Crabera.
La geganta cordillera

per breçar sos fills la vol.

La Noguera y lo Garona
son los fills que Deu li dona,
que ja al náixer s'empaytaren,
corregueren y saltaren,
com dos nins joguinejant.
Noguera per Alós
tot joguinós,
Garona per Aran
tot rondinant.

La Noguera Pallaresa
se llevá més de matí;
quant del nort la vista ha presa
de mitjorn pren lo camí.
Son germá, que anava á Espanya,
veu al altre que l'enganya,
que li deixa sols montanya,
fentse seu tot lo jardí.

Com voluta que se'n torna
en lo vert plafó que adorna,
decantantse cap á esquerra,
se rebat desde la serra
de Beret fins á Tredós.
Garona per Aran
tot rondinant,
Noguera per Alós
tot joguinós.

De Burdeus y de Tolosa
l'un abeura'l gran verger,
mentres l'altre du á Tortosa
l'argent fos de Mont-vallier.
Travessant més d'un gorch negre,
fa'l camí saltant alegre,
fins que's casa ab lo riu Segre
part d'amunt de Balaguer.

Tot passant pe'l pla d'Esterri,
pe'l camí que baixa a Gerri,
mal-clavada en un llis d'herba,
ha ovirat fèrrea y superba
la gran Maça de Roland.
Noguera per Alós
tot joguinós,
Garona per Aran
tot rondinant.

Espanyol que s'afrancesa,
lo Garona, mal paysá,
du á la França la riquesa
que en Espanya atresorá;
y de fonts veyentnos pobres,
al Atlántich du ses sobres,
mentres poques y salobres
l'altre'n du al Mediterrá.

Ah! per garba mal lligada
la d'aqueixa bessonada,
que retrau á la memoria
de més d'uns bessons l'historia
avinguts com gat y gos.
Garona per Aran
tot rondinant,
Noguera per Alós
tot joguinós[22].

CHOR DE FADES

A Lampegia, tu, que has vista,
dòna d'aygua de Lanós,
abraçar en hora trista
lo cadavre del espós;

---

22. Aquesta poesía está calcada sobre una senzilla tradició popular: sa resposta no es més que l'adagi aranès: *Garouna per Aran, braman. ¿Noguera per Luz, tut duz. ¿*Será per escayença que'l nom de Garona sía anagrama del de la Noguera?

cántans ¡ay! sa derrera hora,
mes que sía sospirant;
ta veu de lira que plora
s'avé ab eix fúnebre cant.

LA DE LANÓS

LAMPEGIA

Hermosíssima es Lampegia,
filla del duch d'Aquitania;
quant del castell al matí
puja á la torra més alta,
á qui la veu desde'l bosch
li apar l'estrella de l'alba,
á qui la veu dintre'l bosch
li apar l'invicta Diana.
L'ha ovirada Abú-Nezah,
governador de Cerdanya,
Lampegia caçava aucells,
á ella'l moro la caça;
quant la té dintre del llaç
cativa se la enmenava,
no li valen, no, l'arch d'or,
ni les sagetes de plata,
ni sos ulls negres, que son
més homicides encara.
Mes no sé quí es lo catiu,
lo moro ò la cristiana;
si n'es la filla del duch,
lo cativeri li agrada;
si no ho es, es que'ls grillons
á son robador posava.
—Robadora del amor,
princesa de l'Aquitania,
qué vols?—lo moro li diu,—
mes que sía la meva ánima.
—La teva ánima es per Deu,
jo sols vull la teva espasa,
que abans feresca'l meu cor

que'l cor de ma dolça patria.—

Entre Abú-Nezah y lo duch
pau eterna s'es jurada,
llaç de flors ab que l'amor
uneix lo niu y la branca,
lo moro y lo cristiá,
lo Llenguadoch y l'Arabia,
uneix lo día y la nit
ab una estrella per gafa.
Llaç de flors que'ls has lligat,
Deu te dó llarga durada.

II

Abderraman ho ha sabut,
vol veure si'l desfaría,
al crit de ¡muyra'l traydor!
vers Catalunya camina,
vint mil hòmens du de peu,
deu mil de cavallería;
per davanter va Zeyan,
brau adalit de la Siria.
En lo camp es un corcer,
en los rius es una anguila,
en lo combat un lleó
dels de sa terra nadiua.
Abú-Nezah no'n sab res,
massa fort l'amor lo lliga;
quína nit tindrá, si dorm!
quín despertar, si somía!
Ab ell dormen sos soldats
dintre'l fort de Julia-Llivia.
Oh, Julia-Llivia! á tu y ells
la hora fatal vos arriba.
ja l'enemich es aquí,
ja té les claus de la vila.
Los defensors son covarts,
n'hi ha gran escampadiça,
los uns fugen cap á Llo,

los altres cap á Angustrina.
Quan cau lo roure del bosch
l'aucellada se'n desnía!
Abú-Nezah fuig tot sol
del duch Eudes ab la filla,
fuig sense saber hont fuig,
com un cego sense guía.
Zeyan pe'l rastre'ls segueix
de moros ab sa canilla;
quant sent aprop sos glapits,
Lampegia plora sanch viva:
—Sálvat,—diu al seu espòs;—
jo sola morir voldría.
—Lampegia, no't deixaré;
primer deixaré la vida.—
S'aturan vora una font,
avuy Font de la Regina;
no beuhen, no, y tenen set,
massa l'aygua amargaria;
no dormen, no, y tenen son,
ses flors los semblan ortigues.
Allí'ls troba l'enemich,
al espòs ella s'inclina,
com alfábrega á son test
quan algun peu la trepitja.
Ab sa espasa ell y ab son cos
com ab una ala la abriga,
deixant ploure sobre seu
colps d'alfanch y coltellina,
fins que cau sobre l'herbey
que sa sanch ja envermellia,
com esgranall de rubins
damunt verdosa catifa.
Si'l ferro no ho hagués fet,
lo dolor lo mataría
al vèuresen emportar
sa enamorada cativa,
la coloma pe'l milá,
pe'l porcell la margarida.
En gropa del seu corcer,

Zeyan la porta al califa,
al califa Abderraman,
que al peu del Pirene arriba.
Ell aixeca'ls ulls al cel
y'l nom d'Alah pronuncía,
pronuncía'l nom d'Alah:
—La filla d'Eudes m'encisa.
Es la flor del Pirineu
en lo ple de sa florida,
es la corona-de-rey[23];
un rey se'n coronaría.
Será en l'harem de Damasch
de l'hermosura regina,
la rosa d'aquell jardí,
la perla d'aquella riba.—
Al infelíç aymador
li donan tomba lluhida
d'un triangle coronat
ab cúpula damasquina,
dins lo poble de Planés[24],
á quatre lleugues de Llivia.
Los vinents escatirán
si es mausoleu ò meçquita,
si l'han feta cristians
ò moros de Morería;
mes en la tomba del moro
los cristians diuhen missa,
que ja era mitj cristiá
qui en mans de moros moría.

---

23 La corona-de-rey: *Saxifraga* se cría en los esqueys y petits relleixos dels cingles, com per aconhortarlos de llur esterilitat y nuesa. Ses fulles sortint de l'arrel com los raigs d'una estrella, s'aplanan á terra en forma de corona, del mitj de la qual surt l'espigó, que mes que flor n'es una toya de blanques y petites, pujant fins á l'altura de dos palins. Pastors y botánichs la tenen per la reyna de les flors dels Pirineus. Una de ses especies es esclusiva dels turons de Montserrat, d'hont penja sovint escayenta y rumbosa com una arracada.

24 Planés. Henry, en la *Historia del Rosselló*, preten que l'esglesia de Planés es lo túmol d'Abhú-Neza.

CHOR DE FADES

Si no fóssem al cim d'una montanya,
per sirena't pendríam de la mar;
mes, plega, plega ta cançó, oh companya!
l'historia de Lampegia'ns fa plorar.

Y tu, Gentil hermós, per qui s'acosta
l'hora d'amor, párlans d'amor si't plau;
la flor ne parla al riu, al mar la costa,
y rius y mars ne parlan al cel blau.

Muda dorm en tos braços l'arpa hermosa
que't regalá la fada de Lanós;
sobre ton pit estrenyla com esposa
y llança al vent un cántich amorós.

CANT DE GENTIL

Amor, amor, hónt me pujares?
hónt sou, amichs? hónt sou, mos pares?
y jo mateix, digaume, hónt so?
Dígasmho tu, Griselda bella,
ma hermosa estrella
de Canigó.

Y tu, ets del cel guspira eterna
ò sols fantástica lluherna?
dus al infern ò al paradís?
Mes es ací tan dolç lo viure,
veyent somriure
ton ull blavíç!

Qué se me'n dona de la terra
si't tinch ací, en est cim de serra?
Mes còm nos mira'l sol naixent!
Pòrtam vers hont surt com poncella
que s'esbadella
pe'l firmament.

Dúsme vers hont los ulls va á cloure
de sa carroça l'or fent ploure,
rey que's retira á son palau,
y de son golf al golf d'estrelles
voguèm entre elles
per lo cel blau.

Pújam amunt, de branca en branca,
desde hont lo món com arbre arranca
fins al cimal entre'l fruyt d'or;
pújam amunt, y amunt encara,
mòstram la cara
del Criador.

Mes si jo't tinch, per què m'anyoro?
si tu'm somrius, donchs, de què ploro
Lo cor del home es una mar,
tot l'univers no l'umpliría;
Griselda mía,
déixam plorar!

Gentil refila encara, entre sos braços
l'arpa respon á son derrer sospir,
quant aprop les alojes senten passos
y, porugues, arrancan á fugir.

Es Guifre'l d'Arriá: quant en mala hora,
fa tres díes, Gentil deixá la vall,
com riu que arrasa y flama que devora,
de sarrahins hi queya un devaçall.

Sense cabdill al vèures, s'esbullaren
los cristians al crit de trahició
y á Cornellá los moros arribaren
ans que ab la nova hi arribás la po'.

Lo comte prou lluytá:—Agambe qui puga,—
esparverats cridaren los guerrers,
deixant als sarrahins, com á l'oruga,
poble y palau y regadius vergers.

Y tot ho saquejaren, desde Prada
als horris y masíes de Castell,
deixant pobra la terra y despullada,
còm una testa hermosa sens cabell.

Joyes, armes, corcers, nins y donzelles,
arreu, de tot fa presa'l sarrahí,
com trepitja y malmet flors y poncelles
un ramat de porcells dintre'l jardí.

De l'horrible, impensada revinguda
pot traure'l comte sos amats tresors,
pot traure á Guisla, sa muller volguda,
y als fills, fruyt tendre de sos vells amors.

A un relleix se'ls ne puja de la serra,
y al tenirlos á port, y entre guerrers,
los deixa per salvar sa aymada terra,
dever sagrat de nobles cavallers.

Del Canigó s'enfila á l'alta cima
per veure en sa rodalia què s'hi mou,
per veure'l Rosselló, que tant estima,
còm lo podría deslliurar del jou.

Quant hi troba á Gentil, tres díes feya
que ab ell pensava, de quimera foll,
y sens l'espasa que ell cenyíli'l veya,
y com esclau ab un collar al coll.

Ven al que ahí' deixá cobert de ferro,
de pedrería y flors enjoyellat;
ven fet joglar lo fill de Tallaferro,
Samçó, que alguna Dálila ha xollat.

Quant, per sa culpa, 'l moro tot ho aterra,
apar de fades encisat y ull-près,
lo veu venent á son amor llur terra,

y, com resclosa plena, no pot més.

A la primera empenta que li dona
lo cabuça y rebat per l'estimball,
ahont un ¡ay! de moribunt ressona,
umplint de pena y de tristor la vall.

L'arpa rodola ab ell de timba en timba,
ferintles ab trencada gemegor,
gemegor que s'allunya y minva, minva
d'acort encara ab aquell pit que mor.

Sospirs ò notes minvan y s'apagan,
sonant per derrer colp més tristament,
alè de dues vides que naufragan,
esvanintse plegades en lo vent.

Com un arbre ufanós que en sa florida
arranca en la cinglera un terbolí,
Gentil, desde allí dalt, va sense vida
roçolant á la plana de Cadí.

¡Mes ay de Flordeneu! desde l'albada
á sos vergers demana nous encants;
se renta com les flors ab la rosada,
cora elles enjoyantse ab diamants.

Del color se vesteix ab que Mahoma
solía veure en somnis les hurís;
ab son vestit de virolada ploma
no es tan hermós l'aucell del paradís.

Del estany se contempla en l'aygua clara,
que s'atura per ferli de mirall,
de sos ulls dolços y rihenta cara
entretenint l'imatge en son cristall.

De roses porta al front una corona
ara mateix cullides al verger,
cullides per l'amor que l'esperona,

fent florir en sa cara altre roser.

Cap al jardí, com de son rusch l'abella,
amatenta sortía del palau,
quant de son cel l'esmortuhida estrella
de congesta en congesta als peus li cau.

Sos ulls son plens de neu, d'ombra y polcina,
sa cara es de cadavre, sos cabells,
madeixa de fil d'or ¡ay! purpurina,
rosseja en rochs y mates á cabdells.

Encastárenshi á rinxos ses garlandes,
sa gonella de seda y son brial,
les perles á enfilalls, los flochs y randes
de sa gemada vesta nupcial.

Ella cáuli damunt, y ses companyes
los ploraren tres díes á tots dos,
dihentse ab safareigs, colls y montanyes:
—Ay! l'astre que se'ns pon fou ben hermós!—

A la tercera aurora ella's retorna,
son plor aixuga ab sos sedosos rulls,
no voldría plorar, mes sempre hi torna,
¿què poden fer sinó plorar sos ulls?

Fa posar aquell cos dintre la barca,
barca que es ¡ay! sepulcre de recorts!
per última vegada ab ell s'embarca,
y acompanya sa vida al camp dels morts.

A cada banda vogan tres remeres,
negres están sos cors com sos vestits,
no jugan ja ab lo vent ses cabelleres,
que'ls cauhen, com les llágrimes, als pits.

Cantarli cántichs de tristor voldrían
y's posan totes sis á sospirar,
quant recordan aquells que li plavían

com cántichs de sirenes de la mar.

Aquells torrents segueixen d'ona en ona,
aquells prats anyorívols d'un á un,
com un brillant caygut de sa corona
ella ensenyantlos son gojat difunt.

Lo mostra á les estrelles que'ls ulls clouhen,
com Flordeneu tranzides de plorar,
als aucellets joyosos que'ls desclouhen
tan de matí sentintla gemegar.

Lo mostra als jeçamins que l'ombrejaren
y, esflorant ses corones sobre d'ell,
de flors al bes del ayre l'arruixaren,
¡era tan jove, tan ayrós y bell!

Als miosòtis l'ensenya de la riba,
á les glebes de gel que ou sospirar,
d'argent y de cristall á la font viva
que de les gojes es l'espill més clar.

De glaç á les cavernes que senglotan,
d'hont, com perles en beyres argentins,
de fil á fil les llágrimes degotan,
pe'ls ayres escampant remors divins.

Ay! en retorn, cada turó, cada arbre,
l'herba que naix, l'estrella que floreix,
li sembla que li mostra ab cor de marbre
de son vestit de noces un esqueix.

Ella'ls demana d'un á un venjança
contra Guifre, y ab boyres de tardó'
del cel esborra l'iris de bonança
que coronar solía'l Canigó:

ab branques de llorer l'aygua tranquila
bat del estany, y, ab ses mateixes mans,

congría'l torb d'ales de foch y apila
los núvols sobre'ls núvols udolants.

LA FOSSA DEL GEGANT

Lo comte Guifre encara d'ira está foll,
plantat dalt de la cima de Canigó;
entre'l cel y la terra se veu tot sol,
puix una boyra negra d'ales de corb
ab lo verger abriga los Estanyols,
palaus y palacianes, aucells y flors.
Passeja la mirada pe'l Rosselló,
lo cel li sembla rúfol, lo pahís horch;
de moros no n'ovira, sols veu la pols
que en los camins aixecan llurs esquadrons.
Del llevantí Colliure se gira al port,
ne surt una fumera que tapa'l sol.
¿Será als vaixells ò al poble que's cala foch?
Quan pensa ab Tallaferro s'ho esplica tot;
dels sarrahins ha encesos los galiots,
mes ay! mentre ell estimba son fill hermós!
Sos ulls aixís que ho veuhen semblan de boig,
sa cara se trasmuda còm de qui's mor.

Llavors se dona compte del seu pecat,
lo coneix y s'esglaya; mes ay! ja es tart.
Plantat dalt de la cima com para-llamps,
ne demana un als núvols, no'n baixa cap!
Com qui cerca metzines al fons d'un vas,
mira'l fons del abisme desesperat,
negra gola de monstre que'l va xuclant.
¿Se llevará la vida com un covart,
seguint lo hermós cadavre córrechs avall?
¿Se tirará al feréstech gorch de Balaig?
Bé ho farán prou los moros si's vol matar,
no'ls mancan cimitarres, los sobran darts,
y de llances se'n veuhen tot un canyar.
Ja baixa de la cima tot esvarat,
donant ensopegades com embriach.
Part d'amunt de Valmanya fa ressonar

la trompa que son avi duya al combat.
No trigan á respondre per les afraus
los jóvens capcinesos, los vells cerdans,
aucells que á la tempesta s'han esbullat.
Cami de Serrabona[25] va atravessant
los rierons que regan l'hort de Vinçá;
oásis que eixes serres tenen tancat
perque no'ls lo marcesca l'ayre de mar.
Del Canigó los Aspres son l'arrelam
de serres que entrelliga cap á llevant;
en llur derrera onada s'alça un toçal,
que té'l nom y la forma d'un camellás[26]
entre'ls puigs y la plana mal ajassat.
En sa gropa se'n pujan molts cristians
en seguiment de Guifre, que'ls va aplegant.
D'aplegadisses llances quan té un bon ram,
al Rosselló devalla com una allau
que creix ab lo que troba tot rodolant.
Quant trobe a Tallaferro, los dos germans,
de moros, si no fugen, bé'n xafarán!

Aixís que Tallaferro de l'aygua surt,
los ballesters arriban de Besalú,
ab los archs á l'espatlla, lo dart al puny.
Se'n pujan y aspilleran á dalt d'un puig,
coronat d'olivarda, grèbol y bruchs,
per rebre als de Mahoma posantse á punt,
posantse á punt de bátrels ò ser batuts.
Los moros que corrían ab gran esbull

---

25 Serrabona. Desde totes les serres vehines se veu aqueix imponent edifici, que fins en lo color de la pedra, fosca de sí, que ha acabat de colrar lo temps, sembla tenir quelcom del hábit dels agustins, sos fundadors. Son atri está format de rengles de columnes de marbre roig, baixes, aparelladas, cuytes y dauradas; pe'l sol, sostenint uns revoltons de marbre blanch d'un treball esquisit y d'un efecte mágich. Sota'l desert convent, al fons de la vall, hi há una antiga casa anomenada Ministrol, per ser l'habitació del ministre dels religiosos: en sos vehinats hi há un dòlmen mitj-soterrat en un camp.

26 Camelas. Montanya que té quelcom de la forma del camell, y en son enorme gep una hermita de Sant Martí, que domina tota l'encontrada.

83

de la Salanca als cingles de Queribús,
vers lo port de Colliure quant veuhen fum
aquell que menos corre sembla que brunz.
Los mena un gegant negre molt rabassut,
lo nom que'ls seus li donan es de Gedhur.
Quant veu les naus en flama, la sanch li bull.
Les abelles quant veuhen cremar lo rusch,
del fogayner se tiran á aixams damunt,
aixís l'aixam de moros se tira al puig.
Quína bellugadiça, quíns crits, quín bruyt
de sagetes que cauhen com calabruix!
lo Pirineu ressona fins á Banyuls.
Los ballesters del comte forman un mur,
un mur de carn humana, llances y escuts;
mes los murs també cauhen si'l colp es dur,
y com los colps del moro, may n'han plogut.
Los sarrahins son trenta, trenta per un,
y es ¡ay! ferit lo comte que més los puny.
Quan ja's veu sense forces, alacaygut,
per cel y mars y terres passeja'ls ulls;
alçant los ulls ovira quelcom que llu,
serpent de ferro que entre montanyes surt.
Si es gent del gegant moro ¡Deu nos ajud'!
si son soldats de Cristo, Cristo los du.
No son soldats del moro, puix aquest fuig,
son los del comte Guifre, comte volgut.
Los que Gedhur comanda no son poruchs,
sos cors son més de roure que de sahuch,
reberen les besades del Simoún
y ab fers lleons y hienes tots s'han batut;
mes entre-mitj veyentse d'espasa y mur,
ans que d'un colp l'aixafen, prudent s'esmuny
per entre'ls dos exèrcits lo Tech amunt.
Amunt á negres núvols van com lo fum,
ja passan vora'l temple de la Mahut[27],
ja pe'l bosch de La Roca, sota'l Portús.
Si poden á Cerdanya pujar segurs,

---

27 La Mahut. M. Vidal creu que alguna senyora, tal volta veçcomtesa de Castellnou, haja donat á aquesta capella son nom de Mahut, Matilde.

desde Cerdanya á Lleyda lo Segre hi du;
allí serán los moros á casa llur;
mes ay! la font del Segre qué n'es de lluny!

Tu que d'una gambada passas lo Tech,
obre ton ull de pedra, pont de Ceret[28],
que de fills de Mahoma no'n veurás més.
Ja la Balma del Moro fugir los veu,
fugir envers la Caixa, sota'l Palet[29],
lo que Roland tirava, jugant ab ells,
de montanya en montanya pe'l Pirineu.
¿Quin monstre es eix que baixa cap al riu Tech
desde'ls aspres relleixos de Tretzevents?
Atravessa la plana com un serpent,
entafurat entre herbes, boscos y grenys,
per engolir los moros á cents, á cents.
La Fo'ls pastors ne diuhen, y es un avench
ahont turbants s'enfonzan arreu arreu,
cimitarres, ballestes y ballesters,
senyalers y senyeres, poltro y jenet.
Sos ulls no l'oviravan desde Reynés
pujant per les garrigues de Monferrer.

---

28 Pont de Ceret. La musa popular rossellonesa li ha dedicat aquesta ben merescuda corranda:

Ay, adeu pont de Ceret,
estás fet tot d'una arcada,
de la mar á Canigó
o te veus que una vegada.

29 Lo Palet ò Palets de Roland eran, segons Jauvert de Reart, dues taules oblongues, notables per llur uniformitat y dimensions; l'una al costat de l'altra, d'uns cinch metres d'ample, set de llarch y un y mitj de gruix. Fa tres anys, jo anava á vèureles y no trobí més que'ls bocins, y encara tinguí que cercarlos entre les clapisses de rostos avall, com una agulla en un paller. Los trocejaren ab sos malls uns adoba-camins, per *amusarse* una estona.
  La mateixa trista sort ha tocat á la Mastra de Roland, pedra llarga que jeya en Monner, cobrint quatre metres de terra, en lo lloch anomenat La Batalla.
  Mitja hora avall dels Palets, en lo mateix ayguavés, hi há la Caixa, y a l'altra banda del Tech, sobre La Roca, la Balma del Moro. Aqueixos dos dòlmens son dels pochs que restan senceres al Rosselló.

Los que'n surten, demanan ales al vent,
fugint dels que'ls segueixen com tro al llampech,
com al ferro que aixafa lo martinet.
Més enllá de Coll d'Ares y Font de Tech,
Roca-Colom blanqueja com una neu;
los colomins que hi nían fugen esquerps,
fugen á voladuries ay! com fan ells.
Abans de gayre passan sobre Ull de Ter,
ningú s'hi atura á beure, tots tenen set,
los cristians, los moros y llurs corcers,
y sols cau de sagetes pluja batent,
sagetes que corsecan com llamps en sech.

Si tenen set que'n tingan, prompte beurán,
mes no glopades d'aygua, sinó de sanch,
de sanch de guerrers moros y cristians.
Ja al comte Tallaferro li'n va rajant,
reobríntseli la nafra del día abans.
Veyent que se li adolla, son cor decau:
—¡Oh Guifre, 'l comte Guifre, mon bon germá!
atúrals tu y fereixlos, ara si may.—
Lo comte es de Cerdanya, los camins sab,
los camins de les cabres y dels isarts;
enfila una dressera vers Carrançá,
com si girás les aygues per recular.
Tot seguit l'avantatge los ha segat,
y al créurel ells derrera, los surt davant:
—Entrégat,—crida al moro,—y ets perdonat.—
Lo moro per resposta li fa enviar
en seca pedregada còdols y darts.
Llavors lo comte esclama molt enujat:
—De mi no vols la vida? la mort tindrás.—
Son destrer esperona dret al gegant,
la llança en sa má dreta, l'escut al braç;
se donan falconada com dues naus,
al trángol de les ones dels guerrejants.
Lo comte Tallaferro ho está mirant,
com áliga ferida, desde un toçal.
Los primers colps que's ventan no son en fals,
á estellicons les llances creuhan l'espay.

L'un s'arranca l'espasa, l'altre l'alfanch
y's mossegan pe'ls ayres guspirejant,
ab les guspires saltan gotes de sanch.
Los pastors de Setcasas y Tragurá,
que de lluny los escoltan, no saben pas
si's donan colps de sabres ò colps de malls,
si son los colps tronades, los sabres llamps.
La cimitarra mora sembla una falç,
feta á fer caure testes com brins de blat;
cercant la del bon comtc, damunt li cau;
lo partirá, si'l troba, de dalt á baix,
l'osberch de fèrrea malla, com l'elm daurat,
les armes y la sella, comte y cavall.
Mes Guifre se n'adona, lo colp rebat,
y abans que'l moro aixeque l'arma y lo braç,
sa espasa l'atravessa de part á part.
Com un abet que baixa tot rodolant
de timbera en timbera, quant Gedhur cau,
ressona ab terratrémol tota la vall.

D'encá que'l moro hi queya, fa noucents anys,
bé hi deixaren exércits petjagolall,
passanthi á rufagades, á foch y sanch;
bé n'hi passaren d'ossos, cabres è isarts,
d'estius ab ses tempestes y pedregams,
d'hiverns ab ses nevades, torrents y allaus,
y encara s' diu la Fossa[30], la del Gegant.

---

30 La Fossa del Gegant era un monument situat al cap d'avall de la coma del mateix nom, fet de quatre pedres formant un petit quadrat. La de derrera era d'un metre y mitj, si fa ò no fa, un xich més llargues les laterals, que inclinades l'una á l'altra, feyan de paret y teulada. Davant n'hi havía un' altra, més petita y poch enfonzada á terra. Per això, per sa forma més regular y per ser de distinta pedrera, fa sospitar que hi fou afegida per algú que volgué utilisar, y resguardar en temps moderns la cova. Los altres eran grans palets afinats per la doble corrent de les aygues y del temps, vinguts de Rubió ò de Coma de Vaca, endrets que's veuhen, Freser avall, á esquerra y dreta.
 Uns pastors que vejeren un día honrada llur barraca per senyors de Barcelona, que la dibuixaren y pamaren de tort y de través, cregueren que's tractava d'alguna olla de diners, amagada, y per desenterrarla á llur profit y més á plaher, troccjaren les pedres y desferen sense pietat aquell monument venerable que havía donat nom á la Vall y al Puig del Gegant que la domina.

L'ENTERRO

Com als vells paladins en la batalla,
quant l'ombra de la mort los amortalla
del cristiá penó sota'l capçal,
los solía sortir vestit de malla
d'un ángel la figura celestial;

al rompre la batalla decisiva,
arribar se vejé lo bisbe Oliva,
d'algun dels monjos de Ripoll davant;
l'enviat del Altíssim sempre arriba
quant sos aussilis més servey nos fan.

Ignorant l'art ferotge de la guerra,
humil doblega sos genolls en terra,
pe'l comte Guifre demanant socós,
y quant aquest al Goliat aterra
á Oliva diu:—¿Quí l'aterrá dels dos?

—Ni l'un ni l'altre,—li respon lo sabi
abat, obrint al nom de Deu son llabi:—
Deu es qui abaixa l'home y l'enalteix;
qui aterra l'enemich no es pas lo glavi,
sinó la fèrrea má que'l dirigeix.—

Aprés als moros presoners convida
á seguir de Jesús la lley de vida,
oferintlos una eyna y dret d'empriu.
Á qui es ferit li cura la ferida
y aprés—Ets lliure, ¡oh mon germá!—li diu.

Uns quants guerrers, á un signe de sa croça,
rodejan de carreus l'immensa Fossa
hont jauhen les despulles del gegant,
aplananthi per llosa la més grossa
pedra que troban en aquell voltant.

No veyent á Gentil ¡ay! en l'enterro,
 —¿Hónt es mon fill?—lo comte Tallaferro

pregunta al de Cerdanya, germá seu,
entre'ls peons y cavallers de ferro
mirant encara si, sortós, lo veu.

—Gentil, lo meu nebot,—Guifre contesta,
de vergonya acalant los ulls y testa,-
de Canigó s'haurá quedat pe'l cim.—
Y li fa esment de tot lo de la festa,
li esbrina tots los fets, menos son crim.

En lo cel sereníssim de la gloria
il·luminat pe'l sol de la victoria,
veu Tallaferro un núvol negrejar,
com en lo curs de la divina historia
se veu l'ombra de Judas apuntar.

No obstant, entre'l temor y l'esperança,
ab sos germans vers Canigó se llança,
desitjós d'arribar á Sant Martí;
no'l distrauhen un punt de sa frisança
la volta blava ni'l verdós camí;

los aspres cims ni les humils comelles
hont baixan á jugar les fontanelles
frisoses de tornarse rierons,
ni'ls estanys que als pastors y á les estrelles
fan de mirall ab llur claríssim fons;

la música dels astres y armonía,
á qual suau remor dorm y somía
sota l'ala del cel la terra humil,
ni la fageda hont la natura cría
aucells y flors, amor de maig y abril;

ni dels aucells les dolces canticeles,
ni dels turons les verdes tuniceles
que ab ses congestes embelleix la neu,
com lluhentes y blanques llenticueles
de festívol vestit que'ls posa Deu.

Entre'ls dos comtes caminant Oliva
al front de la guerrera comitiva,
com davant la boyrada hermós estel,
estrany presentiment en ell s'aviva,
dintre son cor fent degotarhi fel.

Al veure, mentrestant, que may tornava,
al bell Gentil son escuder cercava,
guiat entre cingleres pe'ls pastors;
estona havía que pe'l bosch rodava
quant sentí més amunt sospirs y plors.

La riera seguint de Comalada,
arriba á un gorch que aplega la suada
del front escardalench de Tretzevents;
una congesta hi há damunt gelada,
que may vejeren fosa los vivents.

En gran anfiteatre la timbera
s'arqueja cap al cingle de Batera,
y, gola immensa del ferreny titá,
lo que es avuy un gorch y ampla gelera
tal volta fou lo cráter d' un volcá.

La neu allí al hivern s'arremolina,
glaçantse en l'escalada gegantina
d'aquell roquer, fantástich colisseu,
y avuy al desglaçarse sa ruhina,
l'apsis apar de trocejada seu.

Ploran de fil á fil totes les roques
y llança la gelera per cent boques
sinistres armoníes y espetechs;
dels penyalars, com d'esberlades soques,
se sent la cruixidera y los gemechs.

Allí ab ses fades Flordeneu plorosa
del seu amor lo fret cadavre posa,
per mausoleu donantli'l Canigó;
set braçades de neu tindrá per llosa,

la lluna cada nit per llantió.

Aixís que deixan lo cadavre en terra,
s'ovira l'escuder dalt de la serra,
fent esglayat lo signe de la creu;
lo mort al veure, foll d'amor, s'hi aferra,
arrancantlo, cruel, á Flordeneu.

La goja llança un crit y ab ses companyes
va á pèrdres com boyrina en ses montanyes,
que responen ab l'eco á son dolor;
per qui plora, infelíç, en ses entranyes,
també les aspres serres tenen cor.

L'escuder ab sa cárrega estimada,
bosch á través per vía encinglerada,
tot acorat devalla á Sant Martí,
y al posarla en la gespa de la prada,
los dos comtes y Oliva son allí.

Cora faig del Pirineu que'l llamp aterra,
lo comte Tallaferro cau a terra,
lo cadavre que estreny li gela'l pit;
son cos du vint ferides de la guerra,
mes aquesta arribá á son esperit.

De prompte se refá y, punyit per l'ira,
al seu voltant los ulls encesos gira:
—¿Quí ha mort mon fill?—cridant ab veu de tro,
vers l'hermitori Guifre se retira,
mes confós y lleal responli:—Jo!—

Com un llampech, de Tallaferro ardena
la espasa vola vers son cor lluhenta,
mes ja, robantlo á son cruel desitj,
Oliva al assessí dona una empenta,
posant la porta y á ell mateix en mitj.

Per la sageta del dolor ferida
cerva, cau á ses plantes l'homicida,

son crim esgarrifós per confessar;
per ben perduda té ¡oh dolor! sa vida,
mes, cristiá, vol l'ánima salvar.

Com una maça en lo tió que estella,
cauhen uns punys damunt la porta vella,
que ab cruixidera y gemegor respon,
al primer colp la fusta se clivella,
mes golfos y muntants de ferro son.

Y cau y's deixa anar descarregada
sa má, damunt la porta que's mitj-bada,
com sobre enclusa feixuguíssim mall,
y l'hermita ressona, com brandada
esquella als colps del tronador batall.

Damunt l'esberla que més fort gemega
ab tot son cos titánich se carrega,
blegadices rompent y forrellat.
La porta ab terratrèmol s'esllenega
y'l temple se desclou de bat á bat.

A profanar ¡sacrílech! la capella
se rebat, en l'enuig que l'escabella,
cercant, febrós, lo pit de son germá;
quant un *Ego te absolvo* ve á sa orella
y l'espasa de foch cau de sa má.

—Puix Deu m'ha perdonat, també perdónam,
ó bé la mort que jo he donada dónam,
—de genolls á sos peus Guifre li diu:—
xáfam ò al corch mortífer abandónam
que'm rosega lo cor de viu en viu.—

Desarmat aquell monstre de la guerra,
ab Guifre cau de genollons en terrra,
davant l'hermosa creu del Salvador,
y una abraçada aquells dos cors aferra,
nou miracle, Jesús, de vostre amor!

Oliva condolgut ab ells sospira,
ab més plors apagant lo foch de l'ira,
y ab mes cendra l'ardor del esperit,
y unintse les tres flames de la pira,
fan sola una oració tota la nit.

Y la dolça oració d'una volada
puja al bon Deu, damunt sa ala inflamada,
tres esperits lligats per un amor;
aixís tres gotes de suau rosada
s'aplegan dins lo cálzer d'una flor.

Al primer raig de llum que la parpella
fereix del finestral de la capella,
diu missa'l bisbe-monjo per Gentil;
s'il·luminan los cors ab llum novella,
com los altars ab la claror d'abril.

Al consumar lo sacrifici insigne,
de germanor indeslligable en signe,
una hostia consagrada'ls ofereix,
pa dels ángels sagrat, á Deu condigne,
que als dos germans ditxosos mitj-parteix.

De Sant Galdrich en la vehina altura
enfondeix l'hermitá una sepultura,
humitejant la terra ab tristos plors.
Quant recorda á Gentil y sa hermosura:
—¡Qué curta es,—diu,—la vida de les flors!—

Derrera la creu alta bizantina
lo dol, per entre'ls arbres s'encamina;
sobre un bayart de llances ell va estès,
eix brot florit de gerda tarongina
per trepitjada bestial malmès.

Lo cadavre segueix l'abat Oliva,
cap de dol de la trista comitiva,
vestit ab negra capa pluvial;
son desconhort, que cada punt s'aviva,

trenca sovint lo cántich funeral.

Son monjos vells y cavallers de ferro
lo fúnebre seguici del enterro;
vera la Font del Comte, fil á fil
tots ploran, mes ningú com Tallaferro,
que l'últim bes ací dona á Gentil.

Eurons y lladoners també sospiran
mort y esbrancat quant á sos peus oviran
lo més gallart llorer del lloredar,
quant veuhen sos ulls blaus que ja no miran
y, tant que reyan, ara fan plorar;

quant veuhen sech, sense color ni vida,
aquell cos que's gronxava, com florida
palmera al bes suau del ventijol,
de Besalú la bella flor marcida
quant s'obría tot just als raigs del sol.

Sospira ab hòmens y arbres la campana,
com plora'l germá mort una germana,
per qui cantava dolçament ahí',
al cenyirse l'espasa ceretana
aqueix que com un tronch jau ara aquí.

Al pregon de l'afrau lo llop udola,
lo vent xiula entre'ls pins y torniola,
les gales trocejant del mes de maig,
ab son núvol més negre'l cel s'endola
y ploran sos ulls blaus á raig, á raig.

La Font del Comte raja gota á gota,
apar una encantada que senglota,
amagada de l'eura en la verdor;
prou canta'l rossinyol, mes cada nota
es un gemech que fa partir lo cor.

Com qui remou los òssos d'un ossari,
grossos penyals per còdols fent rodarhi,

fuig pla avall la riera de Cadí.
Lo cel no sembla'l cel, sembla un sudari,
si la terra un cadavre gegantí.

De llarch a llarch l'estenen en la fossa;
mes abans d'enterrar sa testa rossa
que besades de goja han arrosat,
l'abat-bisbe mostrántloslo ab la croça:
—Tot,—exclama,—en lo món es vanitat;

hermosura, plahers, somnis de gloria,
noms que ara apren per oblidar l'historia,
les corones y ceptres, l'or y argent,
tot ho esborra una llosa mortuoria;
cap al no-res tot se'n ho porta'l vent.

Mes no tot l'home en lo fossar s'esbulla;
de crisálida hi deixa la despulla
quant s'enarbora al regne de la llum;
aixís dels lliri-jonchs que'l vent esfulla
al cel s'enlayra'l regalat perfum.

Allí á Gentil podrèm reveure un día;
mentres per ell lo cálzer ofería,
en l'ayre he vist passar son esperit,
mirant aquella sanch que rentaría
son cor de terra pe'l dolor ferit.—

L'enterrador cumpleix ab son ofici;
pe'l pobre Tallaferro ¡quín suplici
veure colgar aquell amat tresor!
com víctima menada al sacrifici,
está trist, capficat, esglayador.

Lo comte Guifre, de genolls en terra,
al mitj colgat minyó encara s'aferra,
demanantli perdó del seu pecat.
Los altres cavallers al que s'enterra
miran, quiscú en sa llança repenjat.

Per ferlos comportívola la pena
sols Oliva té l'ánima serena,
sovint los fa aixecar los ulls al cel,
al port felíç de l'ánima que pena,
hont la flor no té espina ni'l cor fel.

—Jo ab ell me quedaré en esta montanya;
—resolt exclama'l comte de Cerdanya;—
si'l llit es dur no hi ha de jaure sol.
Ja es de la seva ma ánima companya,
desde avuy dormirá en son mauseol.

Mon fill Ramon ja menará ma herencia;
per acabar ma vida en penitencia
jo ací mateix vull fer un monestir;
puix no he sabut del viure la ciencia,
deixáume apendre ací la de morir.—

Oliva li respon:—Si un asceteri
en esta aubaga ombrívola ha d'haverhi,
trayen l'empelt del arbre de Cuixá,
que, com la nit d'estrelles l'hemisferi
sembra, de sants la terra ensementá.

Si la sé cabdellar en la memoria,
vos contaré sa oblidadiça historia,
vos mostraré d'eix arbre les arrels
que ab llágrimes plantat y sense gloria,
pujá un esplet de santetat als cels.

EXALADA

En Aquisgran
Carles lo Many un día estant,
sol de l'historia
en lo mitj-día de sa gloria,
en trono d'or,
de duchs y prínceps ab la flor
de tots los pobles,
doblant humils ses testes nobles,

cinch monjos vells
ab pobres hábits y burells
se presentaren
y ab greus sospirs aixís parlaren:

«Rey adorat
que per estendre son regnat
Deu al món dona,
més que pe'l ceptre y la corona
gran per lo cor,
ohiu, si us plau, nostre clamor.
En Exalada,
vora'l camí de Llivia á Prada,
monjos ahir
teníam temple y monestir,
horta florida,
vells pergamins que'l cor no oblida,
llibres de chor
que recaptavam més que l'or,
altars de marbre,
olaustres d'estil feixuch y barbre
hont cisell tosch
les feristeles d'aquell bosch
grabat havía;
teníam ampla conrería
hont lo pobret
era guardat de fam y fret.
Mes ¡gran desastre!
de tot aixó no'n queda rastre;
en un moment
la revinguda d'un torrent
ho ha esborrat
y es com si may hagués estat!

En la solana
que presideix la Tor cerdana,
massa á plaher
d'Enveig vivía'l cavaller.
Sa pobra esposa,
de son distret amor gelosa,

pregava a Deu
que li tornás lo marit seu,
massa amorós
de l'encantada de Lanós,
d'ençá que un día,
com lliri d'aygua que s'obría,
dintre l'estany
ell la ovirá prenent un bany.
Caygué en sos braços
y oblidá prompte, d'aquells llaços
en la presó,
sos fills, sa esposa y sa maysó.
Com fil de plata
que lliga al pla la serra ingrata
de Puig Pedrós,
lo riu la Tet, desde Lanós,
tot fent joguines,
á besar baixa les ruines
del monestir.
Lo cavaller fins al Capcir
segueix á estones
del riu febrós les clares ones,
caçant, cruel,
lo coll-vert d'or, d'ales de cel,
bech groch y negre,
que al aixecar lo vol alegre,
més que un aucell
ala-pintat, sembla un joyell
de pedres fines
fet per les sílfides y ondines.
Nostre prior
trobál un día ab son amor
y ab veu amiga
li parlá aixís: «Cal que us ho diga,
no ho podeu fer
de rebutjar vostra muller
per una fada!»
Quant ho sentí sa enamorada,
picá de peus,
del Orient per tots los deus

jurant finir
ab monagals y monestir
d'una petjada
xafant lo niu y la niuhada,

Davant Planés
en l'ampla conca de Barrés
un llach hi havía
del astre rey mirall de día,
mirall florit
de les estrelles á la nit
y de la lluna.
Prou se'n recorda la Llacuna,
poble gentil,
que en una roca seya humil,
del llach á vora,
com adormida pescadora
que l'endemá
sens peix ni aygua's trobará.
La goja, encesa,
diu: «Del ayguat vull ser jo presa,
ò aquesta nit
tindrán l'estany per cobre-llit
claustre y capelles,
y'l rusch, la mel y les abelles,
al despertar,
rodolarán cap á la mar.»
Diu y lo guía,
á la derrera llum del día,
fins á la vall
ahont la Tet, com un cavall
en sa carrera,
de rochs s'atura en la barrera
que hi posá Deu
quant aixecava'l Pirineu.
De sa cadena
l'aygua, mil anys, gratá l'arena,
gratant, gratant
los forts anells aná afluixant
y d'eixa serra

ne resta sols un mur de terra.
En son crestall
lo cavaller clava un magall
que'ls rochs arranca;
á cada colp la férrea tanca
se va aprimant.
Molts colps aterran un gegant.
En la resclosa
s'obre una font impetuosa,
que's torna riu,
riu que, més gros y més altiu,
se torna mar
que camps y pobles va á abrigar.

Per Exalada
la nit derrera es arribada!
Al monestir
nos acabavam d'adormir,
quant l'espetech
nos desvetllava á tots en sech.
Del llit saltám
y á mitj vestir al chor baixám.
Es la capella,
com ull al cloure sa parpella,
niu de foscor.
Per fernos créixer més l'horror,
á la llum vaga
de l'humil llantia que s'apaga,
l'ombra d'Otger
veyèm sortir de son carner
signant la porta,
que obre ab un colp de maça forta.
Cinch solament,
cinch la seguim fora'l convent
a corre-cuyta,
esferehits prenent la fuyta
montanya amunt.

Al esvanírsens lo difunt,
mirám enrera;

lo monestir ay! ja no hi era,
gran devassall
se l'emportava rost avall
á tomballons,
monjos, capella, torreons,
altars y marbres,
remats, conreus, columnes y arbres.
Sols s'ohí un crit
en les entranyes de la nit
ab la tronada
que, d'encontrada en encontrada
tot rodolant,
sembrá la mort més que l'espant
y l'agonia.

Adeu, ma dolça companyía
de paradís,
llibres, companys, celda felíç,
altar dolcíssim,
mística celda del Altíssim.
Dolç monestir,
quí hagués pogut ab tu morir
en aquella hora,
sols per no veure de l'aurora
la llum tornar
de tots los nostres al fossar!

Ab llurs cogulles
allí trobarem ses despulles,
en mal barreig
ab lo cadavre del d'Enveig,
que en sa vil feyna
quedá clavat ab la seva eyna.
Seguint la Tet,
dintre la vall de Codalet
que'l cor anyora,
com pedra fina que en sa vora
deixa la mar,
l'imatge anarem á trobar
de Sant Miquel,

com una estrella en nostre cel
ennuvolat.
Ella, sols ella s'ha salvat
en lo diluvi!
Vos que de Erin fins al Vesuvi
regiu lo món,
un monestir feunos ahont
de nit y día
fem al Arcángel companyía.»

L'Emperador,
mentres aixuga lo seu plor,
aixís contesta:
«Sirvents de Deu, de gran tempesta
sa má vos trau,
al enfonzarse vostra nau.
Claustre y capella
demá tindrèu en la planella
d'envers Cuxá,
ja que, aturantshi, la triá
per son estatge
la d'Exalada hermosa imatge
de Sant Miquel.
Ell encamine desde'l cel
la meva armada
com un aucell sa novellada.»

Lo monestir
no trigá á náixer y á florir,
com olivera
del riu Litron en la ribera.
Cel de Cuxá,
¿de quánta estrella t'enjoyá
l'abat Garí,
ab Pere Urséolo, Marí
lo gran asceta
y Romualdo anacoreta?
Lo Rosselló
no ha vist més gran constelació

d'astres de gloria
en lo mitj-día de sa historia.

Ab eix planter
que umplí de sants lo món sencer,
vostre asceteri
si plantau vos, com lo salteri
d'eixes afraus
les umplirá d'himnes suaus.
—Que prompte, prompte
se faça, donchs,—respon lo comte.—
Perque mon vot
sía en sufragi del nebot,
prop de la seva
jo cavaré la fossa meva,
com un esclau
que de son amo als peus s'ajau.—

GUISLA

Camí de Cornellá, lo comte Guifre
va á pendre comiat de la comtesa;
qué'ls en troba de tristos aquells márgens
hont al sol del amor ahir tot reya!
Los arbres que s'inclinan remorosos,
com si parlassen de son crim li sembla,
y'ls joyosos aucells que hi saltironan,
li apar que esquerps eviten sa presencia,
un al altre contantse l'homicidi,
mal de contar ab ses arpades llengues.
Lo virolat verdum ja no hi refila,
lo rossinyol no hi canta, que gemega,
arpa d'hont, l'alegría escorreguda,
tan sols la corda del neguit hi resta.
Lo vent que sòpit en lo bosch dormía
se remou tot plegat com una fera,
s'ouhen lladruchs sinistres dins lo córrech,
y damunt dels teulats cants de xavcca,
y de núvol en núvol per los ayres
rodar lo tro, preludi de tempesta.

Quant de sos avis al palau s'acosta,
veu sa Guisla gentil á la finestra,
entre'ls dos gerros de clavells que á riure
surten quiscun en sa clavellinera[31];
endolada la veu com una viuda
y avergonyit abaixa'ls ulls á terra.
Cada grahó que de l'escala puja
lo rega ab una llágrima cohenta;
al cap d'amunt de tots ella es que hi plora,
com un desmay doblant sa hermosa testa.
Les paraules que's diuhen son paraules
de punyidora y funeral tristesa:
—Adeu,—diu ell,—esposa de ma vida;
al arrancarme del teu cor, se trenca
mon cor enmalaltit, com una branca
que de son tronch un braç cruel esqueixa.
—No te'n deixaré anar,—respon sa esposa,—
no te'n deixaré anar, ta vida es meva.
¿Davant l'altar lo jorn del desposori
estimació sens fi no m'has promesa?
—T'estimaré com sempre te he estimada,
mes ¡ay de mi! será desde una celda
d'un monestir que sobre l'oratori
de Sant Martí de Canigó s'aixeca.
Allí morir devía en una forca,
menjat per corps en mitj de cel y terra;
á Deu, que'm torna compassiu la vida,
bé li puch oferir lo que me'n resta!—
Respondre vol sa desolada esposa,
mes está de neguit sa ánima plena,
sos ulls sols tenen llágrimes amargues,
muda sols troba algun sospir sa llengua.
Ell en son front lo derrer bes estampa,
la estreny entre sos braços y la deixa,

---

31 Clavellinera: pedricet que surt, cosa d'un palm y mitj á cada banda de finestra, á ran del ampit, en nostres cases de poble y pagesíes. Semblan les dues mans del endrèç de la casa que surten á enramarla á ella y lo carrer ab dues clavellines. Algunes de les noves cases del Vallés conservan encara la tradició de les clavellineres; mes los dos poétichs pedriços son rellevats per dos prosáychs cercles de ferro, ahont, aixó sí, s'encaixan los testos com l'anell al dit.

de llágrimes humits los ulls giranthi,
com l'infantó arrancat de la mamella.
Llavors escala avall un plor ressona
y un xisclet en la sala li contesta;
ploran ab ell los cavallers y patges,
les dames del palau ploran ab ella,
que veu entrar per hont surt ara Guifre
l'espectre glaçador de la viudesa,
ab son cabell estés sobre la cara
y arrossegant la mantellina negra,
cayguts sos braços d'ufanós magnoli
que en sa florida esbrosta la tempesta,
y sos ulls d'aranyó y son front de lliri
ennuvolats ab boyres de tristesa.
Quant se revé son cor y de ses llágrimes
cau amansida la maror primera,
al monestir que la enviudá tan jove
vol portar, virtuosa, alguna pedra.
Surt á l'eixida del palau que hi dona
y ab agulla d'argent y fil de seda
vol brodar una cándida estovalla[32]
de la més fina y preciosa tela.
Les Barres Catalanes hi dibuixa,
sembrant sos entremitjs d'alguna estrella,
com si del cel los somnis li vinguessen
entrellaçats ab somnis de sa terra;
sota l'escut posa sa bella firma
y damunt sa corona de comtesa.
A cada punt que dona sa áurea agulla
al cenobi naixent los ulls aixeca,
deixant caure una llágrima que en l'obra
se podría encastar per una perla.
Ses donzelles voldríanla distraure
y á sos dolors son pensament s'aferra
y á sos recorts més íntims sa memoria,

---

32 Aqueixes senzilles estuvalles de lli han sobreviscut als claustres de marbre y als temples y al monestir de Canigó. En sa delicada brodadura de fil d'or, vert y violat, mossen Font, rector de Portvendres, ha sabut llegir la següent inscripció, estesa en una franja que volta l'escut del comte de Cerdanya: *Donat per la comtesa Guisla á Sant Martí de Canigó, 1018*

com á les runes d'un palau una eura.
Tot li parla de Guifre: les montanyes
ahont solía bátres ab les feres,
la font hont ella eixíali al encontre,
per vasull oferintli sa má tendra
la verda coromina hont flors cullían,
lo marge fresch del rieró hont s'asseyan
mirant les aygues á sos peus escorre
serenes com sos jorns de fadrinesa,
lo sálzer que'ls doná redós ombrívol,
los pins que al cim del comellar gemegan,
com les vibrantes cordes d'un salteri
que l'aspre geni del mestral punteja.
Y dels aucells les fonedices notes,
los bruyts misteriosos de la selva,
lo rondineig del ayre entre les fulles,
ones li son d'un pèlach de tristesa.

De prompte s'ou lo cant d'una minyona,
com en la mar lo cant d'una gavina,
amorosir ses ones amargantes
ab un raig enganyívol d'alegría.
Escolta Guisla la cançó y la troba
en son anyorament massa escoltívola.
—¿Quí será,—diu,—aqueixa dona ò ángel
que alegre canta quant tothom sospira?
Voldría anar á vèurela: tal volta
tindría per mes penes medecina.—
Del portxe al hort, del hort á la boscuria
passeja'l feix de sos dolors sens mida.
Totes les flors cap-baixes ven com ella,
que n'era no fa gayre la regina,
y li fan aquells arbres més angoixa
hont sent més refilets y cantadiça.
Per enjoyarlo ab rahims d'or y perles,
al arch del portxe la sarment s'enrinxa,
l'aritjol filador al olm s'enarbra,
braços d'esposa que al espòs se lligan,
y entre ses branques lo colom dels boscos
parrupejant á sa coloma crida,

que aplega per son niu algun bri d'herba,
per sa casa de broça enorme biga.
Lo rieró festeja la ninfea,
somriu al astre d'or la margarida
mostrant sobre son pit sa rossa imatge,
sagell diví de son bell cor d'aymía;
mes ella may ha vist lo cel tan núvol,
jamay la terra li semblá tan trista;
¡oh terra de Conflent! per ta mestressa
còm t'has tornada avuy tan anyorívola!

Com viatger que assedegat escolta
lo murmuri de l'aygua cristallina,
se n'entra bosch endins, vers la donzella
que entre ovelles y anyells canta y refila,
tot fent rajar lo fil de la filosa,
asseguda á la soca d'una alzina.
Per regalarse bé ab sa cantarella
camina suaument quant hi arriba,
tan suaument que no doblega'l trèbol,
ni fa coll-torce l'herba que trepitja.
Ja la sent més aprop, ja allí á la vora,
sols la'n separa una frescal verdiça,
ja decantant los sálichs y vidalves
entre vergelles de roser la mira,
com una rosa de pastor que esclata
lluny del verger, al sol y á la celistia.
Es son brial de rústega burata
com son caputxo de color d'oliva,
caminadora y blanca sa espardenya
es del cánem més fi, com lo que fila.
La cançó que ella entona es d'esperança
de veure l'aymador per qui sospira,
aná ab los moros á lluytar y prompte
deurá arribar, puix sa bandera arriba.
De la tendra cançó á cada posada
llança un sospir la concirosa Guisla,
assaborint ses notes d'una á una,
per son cor trist rosada d'alegría.
La angèlica pastora se'n adona

y, estranyada de vèurela y ohirla:
—¿Què té?—diu condolguda á ses donzelles.—
¿S'haurá plantada al peu alguna espina?
—Me l'he plantada al cor,—diu la comtesa;—
tu cantas dolçament y jo estich trista,
jo que so la comtesa de Cerdanya,
d'aqueix bocí de Pirineus pubilla.
¿Haurías tu trobada en eixos boscos
pe'ls afligits la font de l'alegría?
—Un día la hi trobí de primavera,
día de cel que l'ánima no oblida;
mes ay! l'anyorament abans de gayre
sos puríssims cristalls enterbolía.
—¿Quí es, donchs, lo teu gojat?—diu la comtesa.
—Es la flor dels donzells d'aqueixa riba;
l'ángel hermós dels cavallers del comte.
¿Sols vos no'l coneixeu que li sou tía?
—¿Gentil?—diu esglayada la comtesa.
—¡Gentil!—respon tot sospirant la nina;
y com pe'l llamp corsecador tocada,
cau l'esposa infelíç del homicida,
son llabi de carmí tornantse gebre,
les roses de ses galtes satalíes.

En braços se la'n duhen ses donzelles
vers lo palau d'hont en mal punt ha eixida,
com cadavre vivent cap á la tomba,
desde hont del seu amor la tomba ovira.
Plora'l Confient, sos pagesius y pobles,
plora en son niu la tórtora soliua,
y'l cel, ahont esclata la tempesta,
es, com sos ulls, de llágrimes font viva.
No pot plorar aixís Griselda hermosa,
que, senzilla com es, tot ho endevina;
no pot plorar aixís, que sempre es seca
la més crua tempesta de la vida;
y no podent sa pena desfogarse,
va á enterbolir sa testa jovenívola
fentli perdre lo seny, hermosa estrella
que s'acluca en la nit de la follía.

OLIVA

Posant les mans, en la sagrada feyna,
deixan la espasa los guerrers per l'eyna
del manobre, la llança pe'l magall,
y en lo serrat ahont sota una llosa
en sòn eterna'l bell Gentil reposa,
bellugueja l'exèrcit del treball.

En temps d'estiu ¿heu vistes les formigues,
quant daura'l sol y esgrana les espigues,
anar, venir y córrer pe'l rostoll?
l'una'l gra abasta, l'altra se'l carrega,
esta l'empeny, aquella l'arrossega
y s'atresora'l gra y's llança'l boll,

Així'ls treballadors: mentre un recana
la terra en desnivell, l'altre l'aplana
ò dona un fosso als fonaments per llit;
pins aterra y abets lo llenyatayre
que'l serrador quadreja, y fa'l pedrayre
lo mateix ab lo marbre y lo granit.

De mitjdía en l'horrible precipici
penja son peu de pedra l'edifici
que fa glatir l'abisme devorant,
y, ab l'altre ferm en roca més segura,
creix y s'aixeca en la espadada altura,
noy que ha de fer creixença de gegant.

Com a un toch de clarí tropa lleugera,
lo claustre ses columnes afilera,
coronantles de rústichs capitells,
hont á la veu del escultor se para,
entre fulles de palma y d'etzevara,
tot un aixam de feres y d'aucells.

Li fa costat soterriana y tosca
l'esglesia de la Verge; es cega y fosca,
mes eix astre del cel li fa claror.

Quant ja hi flameja la pregaria ardenta,
un altre temple al seu damunt s'assenta,
en peanya d'argent imatge d'or.

Granítiques columnes desinvoltes
damunt sos fronts aixecan ses tres voltes
vell símbol de la excelsa Trinitat;
tan virginal al vèurela y tan bella,
com gegant per vetllar una donzella
un campanar se posa al seu costat.

Es ample y ferm, d'alçada gegantina,
les dues valls y'l comellar domina
y encara puja amunt, pis sobre pis.
Es un cloquer y un torreó de guerra,
es un esforç titánich de la terra
per acostarse un pas al paradís.

Les celdes, verament celdes d'abelles,
son en est rusch diví xiques y belles,
lo goig y la dolçura'n son la mel;
los vint monjos que pujan á habitarhi
de l'oració la trauhen y'l sagrari,
de les flors de la terra y les del cel.

Sembrantne per les cordes del salteri
coronan de jardí llur asceteri
y, eixint de la basílica, l'encens
s'aplega del espígol ab l'aroma
y pujan, fent una mateixa broma,
dels monts y'ls astres al altar immens.

En mitj d'eix cáos de revolta roca,
com un espectre, en la mateixa boca
del abisme, s'aixeca'l monestir:
es una flor pe'l terbolí sembrada
que, si l'abeura'l cel ab sa rosada,
per ell los segles la veurán florir.

Contempla Guifre la seva obra feta

com sa més bella inspiració un poeta,
coronada de llum y resplandor,
de poble en poble quant pe'ls ayres vola,
estrella de claríssima aureola
que's posará en lo front de son autor.

S'hi posará; mes ¡ay! será una espina
per qui ha plantada aqueixa flor divina.
Desde sa celda mira del Cadí
l'aygua enfondir lo córrech de mitjdía,
y li apar que li diga nit y día:
«Ton homicidi, ¡oh Guifre! jo'l vejí!»

De les Esqueras la brugent cascada,
entre'l vert cabellera destrenada
que irisa'l sol naixent ab sa llum d'or,
li fa recort d'una altra cabellera
que rossolar del Canigó vejera,
fent en la neu un rastre de rossor.

Li apar que l'ona als machs rodoladiços
diga son crim, los còdols als canyiços,
la canya buyda als quatre vents del món,
y que'l món tot increpe al homicida:
«¿Per què llevares á Gentil la vida?
¿sa gentilesa y son amor hónt son?»

Una horrible fantasma, en son desfici,
á la gola l'empeny del precipici,
y altres fantasmes, baix, ab crit etern,
«Vina,—li diuhen,—vina prest, tu ets nostre,
es lo trespol aixó que prens per sostre,
sota eix abisme udola'l del infern.»

Esferehit la celda deshabita
y al nort s'allotja en altra més petita,
niu del temple posat més á redós;
y ab l'oració'l bon Deu y ab lo cilici,
com ab ses mans, l'arranca del suplici,
tornantli ses diades de repòs.

Mes ¡ay! un jorn, reobrintli la ferida,
de Sant Guillem sentí contar la vida.
Quant feya sa capella en Vallespir,
los pastors y pagesos li ajudavan
y, per sou, que'ls vullás, li demanavan,
ab sos camps y ramades benehir.

Cansat de dur un gros carreu, un día,
un dels manobres seus lo malehía:
l'hermitá li digué:—Llança aqueix roch,
no faría en mon temple paret bona,
un mal floró maleja una corona:
llánçal ben lluny ò tórnal á son lloch.—

«Donchs jo so aqueixa pedra malehida
en la casa de Deu que he construhida,»
digué lo comte-monjo sospirant.
«De viure ab sants lo pecador no es digne,
no fan bona parella'l corb y'l cigne,
lo carbó no s'avé ab lo diamant.»

Pren una escoda y vora la capella,
entre'l sepulcre de Gentil y ella,
sa habitació derrera's posa á obrir.
Es aspre lo penyal, dura la feyna,
ell no es de ferro ni d'acer com l'eyna,
mes al acer y al ferro fa desdir.

Ell no desdeix, un día y altre día
les llevades de roca desafía,
una setmana, un mes y un altre mes;
si s'enforteix la blava licorella
la má del monjo s'enforteix com ella,
pica més fort de dret o de través.

Lo troba un jorn furgant la roca viva,

venint de son bisbat lo bisbe Oliva[33],
ab la croça á la má, la mitra al front:
—¿En què empleas,—li diu,—ta forta destra?
—En obrir,—li respon,—una finestra
per aguaytar sovint al altre món.—

Finestra ò clot, no triga á obrirla gayre,
y, com de sa pedrera lo pedrayre
afadigat, al vespre'n fa son llit,
lo cansament al batre ses parpelles;
y á la esmortida llum de les estrelles
s'hi esten com un cadavre cada nit[34].

En sos ensomnis veu alçar la lluna
com llantió del temple á la nau bruna
d'hont rius y vents son l'orgue tronador.
Creu ser un mort que, en sa capella ardenta
d'estrellades de ciris resplandenta,
escolta'l *Dies irae* aterrador.

Sa fossa es la montanya gegantina,
es son túmol la volta cristallina
que cada punt traspassa somiant,
á les plantes del Ser que'l món adora
cercant, entre les ánimes que anyora,
la del tendre Gentil que estima tant.

Quant devalla'l seu somni de l'altura,

---

33 Oliva. La dedicatoria d'un cant consagrat á recordar les may prou enaltides glories del bisbe Oliva, per sí mateixa se'n va envers lo eminent Prelat que governa avuy la Seu d'Ausona, que en la brillantíssinia estelada de sos bisbes conta al gran Oliva com un astre de primera magnitut, puix á més d'aquesta rahó y apart de les grans dots que'l fan digne successor del Abat de Ripoll y de Cuxá, hi há la circunstancia de que l'Excm. Sr. Morgades tracta de refer en lo possible lo monument que en Ripoll alçá'l geni de Oliva, havent lograt que'l govern de S. M. faça cessió completa á la mitra de Vich del cenobi panteó de nostres Comtes.

34 La fossa del comte Guifre, cavada per ell mateix en la roca viva, se pot veure, gayre bé intacta, encara que buyda, al costat del campanar de Sant Martí. Diu la tradició que hi anava á passar la nit.

en l'altra fossa com aucell s'atura
á mirar d'aquella ánima lo cos,
y's refrigera son cruel martiri
veyent l'ángel soliu del cementiri
ab una ala covarlos á tots dos.

Sovint á l'aspra y mortuoria celda
arriba'l crit selvatge de Griselda,
que, boja, va cridant:—Gentil, Gentil!—
y, estesa al vent sa cabellera rossa,
ab sa nevada má truca á sa fossa,
hont altra flor no hi portará l'abril.

Sens esperar, á voltes, la resposta,
se rebat á més córrer per la costa
y á crits lo comte-monjo desvetllant:
—¿Sota quín arbre dorm aquell que anyoro?
bon monjo,—diuli,—no estranyeu si ploro;
¡ay! fa tants díes que l'estich cercant!—

Ressegueix entretant cenobi y temple
Oliva, no hi há res que no contemple;
funda en Ripoll un altre monestir,
y estudía per ell eixos brancatges
de pedra, eixes motllures y fullatges
que mourían los besos del sefir.

Allí ab lo pensament tot ho transporta,
desde'l pom del panell als banchs de l'horta,
y trasmuda, combina y afegeix,
y una obra concebeix sa fantasía
que, abans de veure la claror del día,
naix, posa tronch y branques, y floreix.

Ja tot ho veu: sa creació de marbre
es com dins la llevor altívol arbre,
maravellosa flor dins grana humil;
tot ho veu fet, sinó lo frontispici
que corona ha de ser del edifici,
d'aquella imatge d'or cara gentil.

Enamorat artista, lo somía
de nit, ne fa dibuixos cada día,
que al veure l'endemá rebat al foch,
y, no podentne'l pensament distraure,
embasta nous projectes que han de caure
també en oblit, com dins la mar un roch.

En l'hora de soláç un día crida
los monjos sota'ls arbres de l'eixida:
fa tres díes que, allí, de sol á sol,
ab son bácul dibuixa, escriu y esborra,
com les ones del mar damunt la sorra,
quant suaument les brega'l ventijol.

—Miraula aquí,—los diu, y la Portada
contemplan per son geni dibuixada,
l'historia de la santa religió,
en pedra escrita per la má de Roma,
una croça de bisbe n'es la ploma,
n'es lo paper un flanch de Canigó.

Set cants misteriosos té'l poema,
set florons que durá en sa diadema
Santa María de Ripoll al front;
set cels de pura y divinal bellesa,
la Biblia al cor de Catalunya impresa,
present, passat y esdevenir del món.

D'aquesta creació dedicatoria,
es sa primera página la Gloria:
en son trono estrellat l'Anyell diví
ensenya obert lo llibre de la vida,
dihent á la niçaga redimida:
«¡Hòmens ingrats, mirau si us estimí!»

Y'l llibre'ls quatre evangelistes miran,
misteriosos animals que's giran
tot estenent ses ales com aucells,
vint y quatre ancians de cap blanquíssim

115

vera seu van cantant: «Digne es l'Altíssim
d'obrir lo llibre d'or dels set sagells.»

Segueix de tota gent, tribu y llenguatge
la immensa processó fentli homenatge,
patriarques, apòstols, confessors;
la verge mostra de puresa'l lliri,
lo martri la palmiça del martiri
y sota'l braç son llibre los doctors.

En son carro de foch se veu Elías,
y en histories aprés y profecíes,
Moysès, Jonás, David y Salomó;
atravessa'l mar Roig l'israelita,
lluyta ab ell lo cruel amalecita
y l'arca volta'l mur de Jericó.

De Jesucrist celebran la victoria
la cítara y salteri de la Gloria,
la flauta dolça, 'l tendre violí;
y'l rey profeta, entre vassalls y nobles,
sembla dirli: «Alabaulo tots los pobles,
cel, mars y terres, alabaulo ab mi.»

Oliva los esbrina, fil per randa,
de la fe aqueixa mística garlanda,
los mostra aquí Sant Pere, allí Sant Pau,
com de l'Esglesia sòlides pilastres,
sostenint aqueix cel ab tots sos astres;
la espasa empunya l'un, l'altre la clau.

En la faixa del arch que'ls dos sostenen
en dotze retaulons ses vides tenen
unintse dalt, als peus del sant Anyell;
quant vius encara anavan per la terra
als vicis y al error fent crua guerra,
ja s'uníanses ánimes en Ell.

Jau á sos peus, rebuig del negre abisme,
ferotge drach, lo drach del gentilisme;

á ofegar de ses ires los rebulls
dues áligues baixan á la terra,
y mentres una ab sos unglots l'aferra,
a colps de bech l'altra li lleva'ls ulls.

Ací'ls ensenya dos lleons que's baten,
y fers l'un sobre l'altre se rebaten:
un centauro, fugint, los tira un dart,
mes l'home, á qui de monstre la figura
donaren les passions, de tan impura
cadena sempre se deslliga tart.

Domant ja son cavall lo genet destre,
més enllá's veu de ses passions ja mestre;
vestit de cavaller ab los arreus,
á les feres indòmites s'atança,
y al apuntarlos la punyenta llança
amansides se postran á sos peus.

Davall de tot á Llucifer veu caure
del cel, á Adam del paradís, y ajaure
lo condemnat en llit de foch etern,
nou Lacoon á qui genolls y braços
entortelliga ab sos feréstechs llaços
l'apocalíptich monstre del infern.

La paraula de foch del arquitecte
fa alçar de terra'l colossal projecte,
monstres y sants, cantors y combatents;
los ulls de pedra y llabis se desclouhen,
aquells arquets de violí se mouhen
y s'adolla la música á torrents.

Té son arch de triomf lo cristianisme;
al rompre'l jou feixuch del mahometisme,
Catalunya l'aixeca á Jesucrist.
Qui passará per sota aqueixa arcada
bé podrá dir que, en síntesis sagrada,

lo món, lo temps y eternitat ha vist[35].

Comte Pelós, primer de Barcelona,
quín panteó tindrás, quína coronal
millor capçal no'l té cap rey del món.
Mes ¡ay! al erigirlo als que ja foren
ignora'l sabi bisbe que ara'n moren
que ilustres tanys del mateix arbre son!

Lo comte Tallaferro, no fa gayre
enfilava la vía de Bellcayre;
volía desposar son fill Guillem
ab una provençala damisela,
per sos germans anomenada Adela,
pe'ls trobadors novells Flor de poncèm.

Mentres llegía sa epopeya Oliva,
vestit de dol un missatger arriba,
son missatge es de penes y dolors:
—¡Es mort! es mort lo comte Tallaferro!
la Provença s'endola en son enterro
y'l cel mateix sembla desferse en plors.

Volgué passar lo Rose una vesprada,
de sopte revingué la rierada,
falleix la terra á son fogós cavall
que sota l'esperó s'adreça y gira,
enllá al genet d'una sacsada tira
y ab ell á cabuçons va riu avall.

Cercant lo poltro, que ab la mort batalla,
braceja agonitzant, lluyta y badalla,
son arnès esfonzantlo cada punt.
Una hora aprés, en la fatal ribera,
d'un sálzer de verdosa cabellera
dormía á l'ombra'l meu senyor difunt!—

---

35 Per la descripció de la fatxada del monestir de Ripoll nos ha servit de molt la notable ressenya històrica de Pellicer, *Santa María de Ripoll.*

Pregant per la seva ánima al Altíssim
partí á Ripoll Oliva afligidíssim;
quant retorna al cenobi de Conflent,
troba malalt de grave malaltía
l'únich germá que en aquest món tenía,
plorosa estrella d'aquell cel rihent.

—Deu l'envía,—diu Guifre;—ab Tallaferro
vaig á sortir del terrenal desterro.
¡Si com ell ne sortís ab lo cor net!
aquesta nit, de mon sepulcre á vora,
ha dat tres colps la maga avisadora
de nostre patriarca Sant Benet.[36]

Celda, claustres, adeu, cel de la terra,
port de la pau en esta mar de guerra;
adeu, germans que aymava ab tot lo cor,
com jo us hi tinch, teniume en la memoria,
jo me'n vaig a esperarvos á la Gloria,
vora la font del eternal amor.

Ara que á mi la avara mort m'espera
una mercé us demano, es la derrera:
plantau la Creu del Canigó al bell cim,
que á Deu alçats los amorosos braços,
hi endrece les mirades y los passos
y esborre en la montanya lo meu crim.

—Tots hi anirèm los monjos d'eixa terra,
—Oliva li respon,—y al front la serra
durá com temple'l signe de la Creu;
y ab los salms desniantne les canturies,

---

36 La maça avisadora de Sant Benet. *Es cosa certísima y la testifican cuantos monjes y monjas hay en tantas y tan diferentes casas de este santo Orden, que cuando se ha de morir algún religioso ó religiosa de la casa, días antes sienten un cierto rumor, como que den golpes con una mano, y le llaman maza de San Benito.* Pujades, lib. VIII, cap. XXIV.

Ben segur d'aqueixa tradició monástica es filla la popular, que havèm sentida en la plana de Vich, que resant cada día un pare-nostre á Sant Benet, aquest avisa a son devot tres díes abans de morir ab colps misteriosos.

los Angels hi vindrán á voladuries
eix colomar de fades á fer seu.—

LA CREU DE CANIGÓ[37]

CHOR DE MONJOS, SOTA LA MONTANYA

Abans que'l comte mòria,
pujèm, pujèm al cim de Canigó,
ab lo signe sagrat de la victoria
á coronar lo front del Rosselló.
La nuvolada obscura,
mortalla immensa d'un gegant difunt,
abriga ja la altura,
apagant d'una á una les estrelles;
mes nos guía la Creu més alta que elles;
en nom de Deu, amunt.

CHOR DE FADES DALT

Per los núvols lo tro y per les montanyes
va rodolant com carro que s'estimba,
aprop d'ací ressonan veus estranyes,
mentres la nostra minva.
¿A profanar nostre palau quí puja?
¿Caldrá per ells que fuja,
bresques y ruschs deixantlos, nostre aixam?
Cau damunt seu, tempesta que rodolas,
¡oh núvol que braholas!
desenvayna lo glavi de ton llamp.

CHOR DE MONJOS

Com un volcá que esclata, la tempesta
del Canigó la cima ha somoguda,
s'adreça sollevada la congesta,
del torb per l'ala bategant rompuda,

---

37 La Creu del Canigó. Hi há á Prada una fotografía del cim de Canigó ab la creu que no fa pas gayres anys lo dominava.

que brunz com una roda
de corcers esverats per la batuda.
Esbrosta'l bosch com vinya en temps de poda,
grossos penyals de llur sient desbanca,
remou, capgira, arranca,
ab terratrèmol, fetes niu de furies,
preguntan les boscuries
si, ab sos cimals de neu y arrels de marbre,
com un esqueix del arbre,
del Pirineu lo Canigó s'esbranca.
Peró la Creu nos guía,
de nostra companyía
ni de nostres cabells no'n caurá un;
ni mòures pot la fulla
sense que Deu ho vulla.
En nom de Deu, amunt.

CHOR DE GOJES

Avall los hermitans y cenobites,
com est palau no'n daura un altre'l sol;
si volen ferne monestirs y hermites
per darshi ab ángels cites,
per son platxeri Flordeneu se'l vol.
Mes ¡ay! com fortalesa
que escala per set bandes l'enemich,
nostra montanya es presa
al sò d'himnes monástichs y canturies
de cent campaneríes al repich.
Anèm, anèm! nostre palau s'aterra,
trencades ses columnes de cristall,
y ¡ay! com la neu que coroná eixa serra,
nostra gloria que's fon va riu avall!

CHOR DE MONJOS

Per entre la boyrada que s'esqueixa
á Catalunya's va veyent més gran,
pujant de feixa en feixa
per les espatlles d'eix turó gegant.

121

L'aurora lo corona
de raigs d'argent ab nívea madeixa
que d'or se va tornant.
Lo bes últim li dona
l'estrella matutina,
perdentse entre l'aurífera boyrina,
com entre cabells rossos un brillant.
¡Oh! salve, Catalunya,
la fosca nit s'allunya,
la nuvolada's fon,
y com áurea corona gegantina,
lo sol se posa en ton puríssim front.

LA GOJA DE MIRMANDA

Adeu, cèltica vila de Mirmanda,
per no tornar me'n vaig,
may més veurás les gojes en garlanda
d'una banda de riu á l'altra banda
dançar pe'l mes de maig.
Tes cases d'una á una hi veurás caure
com ell veurá disminuhir son raig.
Cansades de vetllar entre ruines
veurás desdir y ajaure
tes colossals alzines
que ha perdonat lo llamp,
y tos palaus, tes torres y piscines
jaurán com flors y espines
que deixa'l temps dallades en son camp.
Pedrera d'eixos pobles
serás mil anys; de tes muralles dobles
se'n bastirán castells y monestirs,
de taula servirán tes ares nobles,
de fites tos menhirs.

LOS MONJOS DEL MONESTIR DEL CAMP

La Provença de moros escombrada,
al peu del Canigó los rebatía
Carles lo Many un día,

guiant la seva armada,
com al poble de Deu l'arca sagrada,
una imatge de bronzo de María.
La set que's beu la sanch dintre ses venes
l'estoch fa caure de ses mans morenes.
Mes Carles se'n adona,
cau de genolls als pens de sa Patrona
y clava sa Joyosa en un conreu,
d'hont brolla l'aygua pura
que nou delit los dona
per traure de l'altura
l'enemich de sa patria y de son Deu.
D'aquest prodigi en eternal memoria
fundá en lo Camp lo nostre monestir;
y la Mare de Deu de la Victoria,
estrella de sa gloria,
esser volgué l'Estrella de Tuhir.

LA GOJA DE GALAMÚS

Esfloredices valls de Fenolledes,
adeu, adeu, desert de Galamús;
també de tes arbredes,
que arrosan aygues fredes,
me trauhen los deixebles de Jesús!
Adeu, los de Nohedes,
Estany Negre, Estany Blau y l'Estelat,
espills d'eixes pinedes
y d'eix cel de safir immaculat!
¡Qué tristos ara us miro,
tan frescos y rihents que us he deixat!

L'HERMITÁ DE GALAMÚS

Desde ací dalt t'oviro,
placèvol hermitatge,
y ja per tu sospiro
com l'aucellet que anyora
son niu entre'l brancatge.
Ahir de Sant Antoni

trobí en la Cova una divina imatge
que, en signe de victoria,
de porcell en figura, té'l dimoni
als peus. ¿Baixáli un Angel de la Gloria
perque del herm l'aspresa m'endolcís?
Dolça Tebayda mía,
cancell del paradís,
en tu, d'eix serafí ab la companyia,
dolça Tebayda mía,
ja moriré felíç!

LA FADA DE RIBAS

Adeu, Coves de Ribas,
ja no us veuré may més,
fontana remeyera d'aygues vives,
cistell de flors de Nuria
ab faixes de verdor al cel sospès.
Ja'l ressó no ohirán de ma canturia
pujant los traginers per lo camí,
y'l pastoret que vetlla en la boscuria
en la ribera estesos
mos tovallons no ovirará al matí.
May més d'amor encesos
vindrán los cavallers á aquella Cova
que sols l'amor obrí;
si algú mon niu retroba,
lo trobará sens mi!
En eixes valls á rellevar ma fama,
vestit de foch y flama,
ja ve'l Comte l'Arnau;
boscos, soleys, masíes que'l cor ama,
per sempre adeu siau!

OLIVA

Si ve'l Comte l'Arnau, altres ne venen:
la creu en sa má tenen
y l'amor de Jesús dintre del cor,
y ab aqueix foch diví la terra encenen,

fentne l'astre flammíger del amor.
L'esbart del cel de Monagals eixía
quant ja la marejada
de moros decreixía
y ahont nasqué Ripoll, á la besada
del Ter y del Freser,
en illa gerda eix monestir bastía,
de Catalunya baluart primer.
Fets ángels de la patria, allí guardaren
sa historia y son tresor,
son esperit naixent allí breçaren,
adormintlo ab cançons de l'antigor.

LA DE FONTARGENT

No us tornaré pas veure,
boscuries andorranes,
rius de Fontalba, estanys de Fontargent;
ni us dich ¡ay! á reveure,
mes serres catalanes,
que veig fugir, fugir cap á occident!

L'HERMITÁ DE MERITXELL

Desníessen la fada á la bona hora,
millor Reyna y senyora
en Meritxell trobaren estes valls.
Fa música á ses plantes lo Valira,
que d'Ordino á Soldeu, armoniosa,
té la figura d'una immensa lira
de braços de cristalls.
Damunt son front lluheixen
los dotze estanys Pessons[38], corona hermosa

---

[38] Los Pessons son una vintena d'hermosíssims viots y estanys de diferentes mides, que enviantse l'aygua de l'un al altre, voltan un enherbat turó, mitj abrigat de pins y *rodhodendron*, mirador desde hont se veuhen náixer, y allunyarse per grahons de llachs los dos rierons, que enfeixan més avall ses pures aygues. Es un rosari d'estanys unit pe'l fil d'argent del Valira oriental, que allí té son breçol, y d'allí trau les granítiques pedres *valirenques* que, en díes de quimera, sembra pe'ls camps de la Seu d'Urgell y de Oliana.

que de brillants y gemmes li ofereixen
aqueixes cimes hont lo cel reposa:
corona d'Ariana esplendorosa
que, del zenit despresa,
quedá entre terra y cel aquí sospesa.

LES FADES DE ROSAS I BANYOLAS

Adeu, viles y platges y boscuries,
d'aqueixes endreçuries.
Passá en ales dels somnis ilusoria
l'albor de nostra gloria,
com passan los metéors que'l cel faixan
ab moridora estela d'argent pur,
aixís, vora la mar, pujan y baixan
les serres de Bagur[39].

LOS MONJOS DE BANYOLAS

Quant Carlomagne deslliurá á Girona,
se vejeren exèrcits per los ayres
uns ab altres lluytar, com llenyatayres
ab llurs destrals dintre l'afrau pregona;
plovía sanch per darli nou baptisme;
llampeguejá y en hòrrida tempesta
senyá una creu de foch sa ebúrnea testa.
Los moros la revenja encomanaren
á un drach del negre abisme,
que devorava nines é infantons
y, arreu, los cavallers que ab ell lluytaren,
ab sos cavalls, ses armes y penons.
Era feréstech, monstruós, deforme;
ab son verí l'Estany enterbolía,
y de sa cua ab lo remás enorme
a la vila ses ones rebatía.
Lo monjo Sant Emeri,

---

39 Puja y baixa com les montanyes de Bagur. Comparació ò dita ampurdanesa que's refereix á les de sorra que caminan de mica en mica transportades per la tramontana, com les de l'altra banda del Mediterrá per l'alè del Simoun.

dels orfanets y viudes á les veus,
deixá son asceteri
y'l monstre esgarrifós caygué á sos peus.

LOS DE SANT PERE DE RODA

Quant de Cósroes l'espasa flamejanta
cremava de David la ciutat santa,
en son etern, inderrocable soli
tremolá la ciutat del Capitoli.
Lo papa Bonifaci, en barca ayrosa,
lo cap del Príncep dels apóstols posa,
penyora que á tu't fía,
¡oh Catalunya, oh dolça patria mía!
La empeny ab má amorosa
la mar, vers hont comença'l Pirineu,
al peu del Cap, de Venus trono un día,
que suplantá la Creu.
Los mariners á ses divines plantes
de les reliquies santes
estojan lo tresor.
Al riure l'iris de la pau hi tornan
y'l tabernacle adornan
garlandes de verdor.
Ab llur mantell les eures lo cobreixen
y aritjols y ridortes li guarneixen
un maig de cel que'ls ángels fan florir.
Vehent que Sant Pere escull lo Verderari
per son reliquiari,
li fan una capella,
d'hont brotá, com la flor de la poncella,
de Sant Pere de Roda[40] 'l monestir.

---

[40] Aquesta bella tradició de Sant Pere de Roda está consignada en lo llibre *Notabilium rerum diversarum*, segons copia que'ns facilitá lo Sr Girbal. Com duptam molt de que tinga cap fonament, nos creyem en lo dever de manifestar que sols nos mou á publicarla son indisputable valor poètich.

LA GOJA DE LANÓS

Adeu, terra cerdana,
mon paradís un día,
qué n'ets ¡ay! d'anyorívola per mi,
d'ençá que en ta Solana,
verger de l'amor mía,
tots los meus somnis esflorar vejí!

LOS PABORDES DE NURIA Y FONT-ROMEU

Se sent algú que plora
vers Font-romeu y Nuria,
de les alojes es l'esbart que açtora
nostra suau canturia.
Cantèm, cantèm, llur fosca nit declina
als raigs de vostra aurora,
¡oh Estrella matutina
de Nuria y Font-romeu!
siau vos la Regina
de nostre Pirineu.

CHOR DE GOJES

Anèmsen, Flordeneu; de fulla en fulla
vostra corona d'or se va desfent,
lo vol de nostres ilusions s'esbulla
com un esbart de papallons al vent.
Deixèm aqueixa cima sobirana,
y en alguna illa de la mar llunyana,
d'ahont deguerem segles há, sortir,
tot recordant la terra catalana
anèmsen á morir!

FLORDENEU

Fan anys, avuy mateix, en aquesta hora,
jo seya ací ab Gentil;
los besos de l'aurora
volavan per son front, com les abelles

pe'l front de les poncelles
que en sa brosta desclou l'alè d'abril.
Y avuy, á aquesta cima
que guarda la petjada de son peu,
ab quant mon cor estima
tinch de donar l'adeu!
Montanyes regalades
son les de Canigó;
per mi bé ho son estades,
mes ara no ho son, no!

LES FADES PARTINT

Quant lo novembre esfulladíç s'acosta,
s'aplegan en la costa
les orenetes per passar la mar;
aixís de tu, ma dolça Catalunya,
lo nostre vol s'allunya,
girantse sols per vèuret y plorar!
Un jorn tornarán elles
ab los amors, los lliris y roselles,
los cántichs dels fadrins y les donzelles;
¡sols á nosaltres no'ns veurás tornar!

CHOR DE MONJOS

Ja som al cap d'amunt de la montanya,
balcó del Pirineu;
se veuhen desde ací França y Espanya,
junyímles ab la Creu.
(Plantantla y adorantla.)
Arbre florit del Gólgota en la roca,
¡oh Creu! obrìu lo cel ab vostre front,
tancau, tancau l'infern ab vostra soca,
y ab vostres braços relligau lo món.

OLIVA

Del iris bell la virolada cinta
sobre la Creu del Canigó se mostra,

corona celestial que un ángel pinta.

UN INFANT

Com perles que en l'arena
deixan les ones blaves de la mar,
entre'ls núvols del cel que s'asserena
se veuhen sants y vèrgens blanquejar.

CHOR DE SANTS EN LOS NÚVOLS

Crux fidelis inter omnes
arbor una nobilis

GARÍ, ABAT[41]

Del amor de Jesús ¡oh dolça escola!
la que en lo claustre de Cuxá plantí,
suau perfum ne vola
millor que d'un jardí:
dels candidats mirau la blanca estola,
mirau sos cors brollant amor diví!

CHOR DE SANTS

Silva talem nulla profert
fronde, flore, germine.

SANT ROMUALDO Y SANT MARÍ

Com niu de rossinyols entre englantines,
jo veig nostre hermitatge

---

41 Garí, segons mossen Font, *Histoire de Saint Michel de Cuxá*, fou abat del monestir, desde fins 962 á 1000. Es l'astre que lluheix més en los deu segles de sa historia, duhenthi per satèlits los dos sants hermitans que acompanyaren á Pere Ursèolo, Marí y Romoaldo, Joan Gradènigo, religiós de gran pietat, y Mauracenus, gendre del Dux. Sant Romualdo, en companyía de Marí, davant Sant Miquel, vers la Torra de Sant Valentí, feu lo primer assaig de la vida hermitana que havía de convertir en orde, y en misteriosa escala del cel per molts, en los camps de Mándula, sota'l cel encara més blau y bonich dels Apenins.

davant lo monestir de Sant Miquel;
aparicions divines
baixavan á eix boscatge,
pujántsen nostres ánimes al cel.

SANT URSÉOLO

Un día, de Venecia Dux fortíssim,
á ma esposa la mar doní anells d'or,
per vos, Jesús dolcíssim,
per vos guardava l'ánima y lo cor.
Com en ales d'un ángel del Altíssim,
Garí, en ta companyía,
á viure en la abadía
vinguí de Sant Miquel,
y fills, muller y regne, quant tenía,
tot ho deixí per eix recó de cel.
Sovint fins á l'aurora
un èxtasis diví'm lligava fora;
quant l'albadella[42] me cridava al chor
un dematí, la porta era tancada;
jo demanava entrada,
ningú'm sentí, ningú, sinó'l Senyor.
Ell m'enviá dos ángels amorosos
ab una escalad'or.
Ditxosos, ¡oh! ditxosos
los que pujan, ¡oh Creu! per ta florida
brancada, arbre de vida,
que'l fruyt del cel nos du;
per pujar de la Gloria al goig sens mida
l'escala d'or ets tu!

---

42 Albadella s'anomenava en Vich la campana de la Seu ab que abans devían tocar l'oració del matí: segons tradició es la que tocava per ella mateixa quant hi arribava Sant Bernat Calbó. Segons nota que'ns envía nostre estimat company mossen Collell, lo canonge Ripoll, que pujá al campanar y copiá totes les inscripcions de les campanes, anomena Albadelles les que s'anomenan avuy los Felius. En la Seu de Barcelona hi ha la campana Albadana.

CHOR DE SANTS

Flecte ramos, arbor alta.

SANT VICENS[43]

Abaixaulos, ¡oh Creu! cap á Colliure.

SANT GUILLEM DE COMBRET

Los pobles abrigau del Vallespir,
florit niu de repòs hont volguí viure.

SANT NARCÍS

Guardau lo mur de l'immortal Girona.

SANTA EULARIA

Posauvos en l'escut de Barcelona.

SANTS LLUCIÁ Y MARCIÁ

Y sobre'l cor de nostra mare Ausona,
fentla en ciencia y pietat florir.

SANT DAMÁS

Y en l'Ampurdá, lo Rosselló y Cerdanya,
Catalunya y Espanya,
feuhi la fe de Jesucrist reviure,
feu á ses plantes lo Coran morir.

OLIVA

¿Sentiu? de la campana
de nostre monestir se sent lo plor,

---

[43] Sant Vicens de Colliure, qui fou martiritzat per Daciá, en sa entrada en Catalunya, á 19 d'abril de 303.

mon cor ab ella una oració us demana
per mon germá que's mor.

CHOR DE MONJOS
(s'agenollan)

Proficiscere anima christiana.
Del cos rompent los llaços,
surt d'aquest món crisálida immortal.
Rebeula com esposa en vostres braços,
lliuraula ¡oh Deu! del terbolí infernal,
com á Lot del incendi de Sodoma,
á Daniel de les urpes del lleó,
á Sant Pere y Sant Pau de les cadenes
de la cruenta Roma,
á Job d'un mar de penes
y á Moysés dels corcers de Faraó.

UN INFANT

Dins una alba de llum serena y pura
jo'l veig enarborarse,
rejovenit y lliure:
dos justos de l'altura
tot baixant á recèbrel veig somriure;
de l'un la noble y bélica figura
se sembla al que ara puja del desterro,
y ab ells veig abraçarse;
l'altre es hermós com pomeró en abril,

CHOR DE MONJOS

Aquell deu ser lo comte Tallaferro,
aquest l'hermós Gentil!

OLIVA

Gloria al Senyor; lo núvol de tristesa
que amortallá tant temps l'ánima mía
com los núvols del cel se va desfent;

la nit recula empesa
per la claror del día
que riu en la finestra d'Orient.
La nostra terra aymada,
que de Mahoma sota'l jou vivía,
com un guerrer armada
empeny los sarrahins vers l'Occident.
Lo comte Berenguer de Barcelona
aixampla sa corona,
Catalunya's desvetlla escamarlada,
cama ençá, cama enllá del Pirineu,
com damunt son corcer una amaçona
que s'adormí una estona,
venint de abrahonar un semideu.
A l'áliga real es pariona
que ab cada ala domina
un vessant de la serra gegantina.
Derrocat lo titánich Almansor,
del islamisme vespertina estrella
¿quí sab si algun nostre héroe fórmidable
ha d'aixecar sa espasa immensurable
de gran conqueridor?
¿Quí sab, quí sab si ab ella,
sa corona y sa llar veyent petites,
á un gran realme ha de donar les fites?

CHOR D'HOMENS DE PARATGE

Partim ab tro de guerra,
com temporal que baixa de la serra;
la llagostada mora
llancèm per sempre d'eixos camps afora,
aprés los llaurarèm:
de les visarmes, relles,
de les espases ne farèm corbelles;
lo blat avuy son sarrahins, seguèm

CHOR FINAL

Gloria al Senyor: tenim ja patria amada,

qué altívola es, qué fórta al despertar!
al Pirineu miraula recolzada,
son front al cel, sos peus dintre la mar.

Branda ab son puny la llança poderosa;
lo que ella guanye ho guardará la Creu:
sobre son pit té sa fillada hermosa
que'ns fa alletar ab fe y ab amor seu.

Brecèmla encara en est breçol de serres,
enrobustim sos braços y son cor,
sos braços fem de ferro per les guerres,
mes per la pau umplim son pit d'amor.

Patria! 't doná ses ales la victoria;
com un sol d'or ton astre's va llevant;
llança á ponent lo carro de ta gloria;
puix Deu t'empeny, ¡oh Catalunya! avant.

Avant: per monts, per terra y mars no't pares,
ja t'es petit per trono'l Pirineu,
per esser gran avuy te despertares
á l'ombra de la Creu.

LOS DOS CAMPANARS

EPILECH[44]

Donchs ¿què us heu fet, superbes abadíes,
Marcèvol, Serrabona i Sant Miquel,
y tu, decrèpit Sant Martí, que umplías
aqueixes valls de salms y melodíes

---

[44] Aquesta elegía fou premiada ab una corona de llorer en lo Concurs de poesta catalana que en 1886 obrí, i Perpinyá, la Societat Agrícola, Científica y Literaria dels Pirineus Orientals. Ses estrofes foren les primeres que escriguí de la llegenda canigonenca; després lo plan s'engrandí y's quedaren á fora del edifici, y arreconades com una pedra sobrera. Mes en aquesta edició les hi poso com Epílech, en obsequi al Il·lustríssim senyor bisbe Carselade. Ell en sa pastoral d'entrada en la diócessis de Perpinyá copiava aquestos versos, ab la traducció francesa al costat:

la terra d'ángels y de sants lo cel?

Donchs ¿què n'heu fet ¡oh valls! de l'asceteri,
escola de l'amor de Jesucrist?
¿Hont es ¡oh soledat! lo teu salteri?
¿Hont tos rengles de monjos, presbiteri,
que, com un cos sens ánima, estás trist?

¿D'Ursèolo ahont es lo Dormitori?
¿La celda abacial del gran Garí?
¿Hont es de Romualdo l'oratori,
los palis i retaules, l'or y evori
que entretallá há mil anys cisell divi?

Los cántichs y les llums s'esmortuhiren;
la rosa s'esfullá com lo roser;
los himnes sants en l'arpa s'adormiren,
com verderoles que en llur niu moriren
quan lo bosc las ohía més á pler.

Dels románichs altars no'n queda rastre,
del claustre bisantí no'n queda res;
caygueren les imatges d'alabastre
i s'apagá sa llantia, com un astre
que en Canigó no s'encendrá may més.

Com dos gegants d'una legió sagrada
sols encara hi há drets dos campanars:
son los monjos derrers de l'encontrada,

Donchs, ¿què us heu fet, superbes abadíes,
Marcèvol, Serrabona y Sant Miquel,
y tu, decrépit Sant Martí, que umplías
aquexes valls de salms y melodíes,
la terra d'ángels y de sants lo cel?

Aquexos sants y aquexos ángels ajuden al venerable Prelat á realisar lo seu somni d'or de reconstruir la abadia de Sant Martí de Canigó. Lo dia en que aqueix llegendari monestir s'axeque de ses ruines, será de veritable goig per los bons catalans d'ensá y d'enllá dels Pirineus; y per l'autor d'aquest poema, si Deu li fa la merci de dexarli veure, ser un día dels millors de la seva vida.

que ans de partir, per última vegada,
contemplan l'enderroch de sos altars.

Son dues formidables centinelles
que en lo Conflent posá l'eternitat;
semblan garrichs los roures al peu d'elles;
les masíes del pla semblan ovelles
al peu de llur pastor agegantat.

Una nit fosca al seu germá parlava
lo de Cuxá:—Donchs ¿què has perdut la veu?
Alguna hora á ton cant me desvetllava,
y ma veu á la teva entrelligava
cada matí per benehir á Deu.

—Campanes ja no tich,—li responía
lo ferreny campanar de Sant Martí.—
¡Oh! ¡qui pogués tornármeles un dia!
Per tocá'á morts pe'ls monjos les voldria;
per tocá'á morts pe'ls monjos y per mi.

¡Qué tristos, ay, qué tristos me deixaren!
Tota una tarde los vegí plorar;
set vegades per vèurem se giraren;
jo aguayto fa cent anys per hont baixaren:
tu que vius més avall ¿no'ls veus tornar?

—Nó! Pe'l camí de Codalet y Prada
sols minayres oviro y llauradors:
diu que torna á son arbre la niuhada,
mes ¡ay! la que deixá nostra brancada
no hi cantará may més dolços amors.

¡May més! ¡may més! Ells jauhen sota terra;
nosaltres damunt seu anam cayent:
lo segle que'ns deu tant ara'ns aterra,
en son oblit nostra grandor enterra
y ossos y glories y recorts se'ns ven.

—¡Ay! ell ventá les cendres venerables

del comte de Riá, mon fundador;
convertí mes capelles en estables,
y desniats los ángels pe'ls diables
en eixos cims ploraren de tristor.

Y jo plorava ab ells y encara ploro,
mes ¡ay! sens esperança de conhort,
puix tot se'n va y no torna lo que anyoro,
i depressa, depressa, jo m'esfloro,
rusch hont l'abell murmuriós se's mort.

—Caurèm plegats,—lo de Cuxá contesta.—
Jo altre cloquer tenía al meu costat:
rival dels puigs, alçava l'ampla testa,
i ab sa sonora veu, dolça ò feresta,
estrefeya'l clari ò la tempestat.

Com jo, tenía noucents anys de vida,
mes, nou Matusalem, també morí;
com Goliat al rebre la ferida,
caygué tot llarch, y ara á son llit me crida
son insepult cadavre gegantí.

Abans de gayre ma deforme ossada
blanquejará en la vall de Codalet;
lo front me pesa més, y á la vesprada,
quan visita la lluna l'encontrada,
tota s'extranya de trobarmhi dret.

Vaig á ajáurem també: d'eixes altures
tu baixarás á reposar ab mi,
y ¡ay! qui llaure les nostres sepultures
no sabrá dir á les edats futures
hont foren Sant Miquel y Sant Martí.—

Aixís un vespre'ls dos cloquers parlavan;
mes, l'endemá al matí, al sortir lo sol,
recomençant los cántichs que ells acaban,
los tudons ab l'eurera conversavan,
ab l'estrella del dia'l rossinyol.

Somrigué la montanya engallardida
com si estrenás son verdejant mantell;
mostrás com nuvia de joyells guarnida;
y de ses mil congestes la florida
blanca esbandí com taronger novell.

Lo que un segle bastí l'altre ho aterra,
mes resta sempre'l monument de Deu;
y la tempesta, 'l torb, l'odi y la guerra
al Canigó no'l tirarán á terra,
no esbrancarán l'altívol Pirineu.

Also available from JiaHu Books:

Terra baixa - Àngel Guimerà
L' Atlàntida - Jacint Verdaguer
Os Maias (Livro Primeiro e Segundo) - José Maria de Eça de Queirós
Os Lusíadas - Luís Vaz de Camões
Cantares gallegos - Rosalía de Castro
Il Principe - The Prince - Italian/English Bilingual Text - Niccolo Machiavelli
The Social Contract (French-English Text) - Jean-Jacques Rousseau
Lettres persanes/Persian Letters (French-English Bilingual Text) - Charles-Louis de Secondat Montesquieu
What is Property? - French/English Bilingual Text - Pierre-Joseph Proudhon
Manifest der Kommunistischen Partei Manifesto of the Communist Party (German/English Bilingual Text)- Karl Marx
Also sprach Zarathustra/Thus Spoke Zarathustra - Friedrich Nietzsche
Jenseits von Gut und Böse/Beyond Good and Evil (German/English Bilingual Text) - Friedrich Nietzsche
Die Verwandlung – Metamorphosis - Franz Kafka
Det går an - Carl Jonas Love Almqvist
Drottningens Juvelsmycke - Carl Jonas Love Almqvist
Röda rummet – August Strindberg
Fröken Julie/Fadren/Ett dromspel - August Strindberg
Brand -Henrik Ibsen
Et Dukkhjem – Henrik Ibsen (Norwegian/English Bilingual text also available)
Peer Gynt – Henrik Ibsen
Hærmændene på Helgeland – Henrik Ibsen
Fru Inger til Østråt -Henrik Ibsen
Synnøve Solbakken - Bjørnstjerne Bjørnson
The Little Mermaid and Other Stories (Danish/English Texts) - Hans-Christian Andersen
Egils Saga (Old Norse and Icelandic)
Brennu-Njáls saga (Icelandic)
Laxdæla Saga (Icelandic)
Die vlakte en andere gedigte (Afrikaans) - Jan F.E. Celliers

www.ingramcontent.com/pod-product-compliance
Lightning Source LLC
Chambersburg PA
CBHW031400040426
42444CB00005B/357